BERNWARD LÖWENBERG

Die Geltendmachung von Geldforderungen im Verwaltungsrecht

Schriften zum Öffentlichen Recht

Band 58

Die Geltendmachung von Geldforderungen im Verwaltungsrecht

Von

Dr. Bernward Löwenberg

DUNCKER & HUMBLOT / BERLIN

Alle Rechte vorbehalten
© 1967 Duncker & Humblot, Berlin 41
Gedruckt 1967 bei Buchdruckerei Bruno Luck, Berlin 65
Printed in Germany
D 6

Meiner Frau

Vorwort

Die Frage nach den Möglichkeiten der Träger öffentlicher Verwaltung, öffentlich-rechtliche Geldforderungen im Streitfalle geltend zu machen (Leistungsbescheid oder Leistungsklage?), ist ein Problem, das erst mit der Überwindung der Fiskustheorie eigentlich entstanden ist. Über seine für die Praxis der Verwaltung und der Verwaltungsgerichte im Zeichen der Leistungsverwaltung immer größer werdende Bedeutung hinaus ist es zugleich ein Prüfstein für unser Verständnis vom Verhältnis zwischen Staatsgewalt und Individuum. Dieses Kernproblem des Themas machte es erforderlich, allgemein Wesen, Voraussetzungen und Wirkung des hoheitlichen Handelns der Verwaltung auf dem Boden des geltenden Verfassungsrechts von den staats- und verwaltungsrechtlichen Grundlagen her zu untersuchen. Um den Rahmen der Arbeit nicht zu sprengen, mußten daher andere Fragen (wie z. B. die Geltendmachung von Geldforderungen verschiedener Verwaltungsträger untereinander) zurückgestellt werden.

Die vorliegende Arbeit hat im Frühjahr 1967 der Rechts- und Staatswissenschaftlichen Fakultät der Universität Münster als Dissertation vorgelegen. Da das Manuskript im März 1967 abgeschlossen war, konnten später erschienene Literatur und Rechtsprechung nur noch vereinzelt berücksichtigt werden.

An dieser Stelle möchte ich besonders meinem verehrten Lehrer, Herrn Professor Dr. Hans J. Wolff, für seine vielfältigen Bemühungen bei der Betreuung der Dissertation danken. Ferner habe ich Herrn Ministerialrat a. D. Dr. Johannes Broermann für die Aufnahme der Arbeit in sein Verlagsprogramm und dem Lande Nordrhein-Westfalen für einen Druckkostenzuschuß zu danken. Mein Dank gilt schließlich auch meiner Frau.

Münster/Westf., im September 1967

Bernward Löwenberg

Inhaltsverzeichnis

§ 1. **Einführung** 17

Erstes Kapitel

Die staatlichen Geldforderungen und ihre Geltendmachung in der Verwaltungspraxis   21

§ 2. Die öffentlich-rechtlichen Geldforderungen des Staates gegen Zivilpersonen 21

    A. Die Arten der öffentlich-rechtlichen Geldforderungen 21

    B. Begriff und Wesen der öffentlich-rechtlichen Forderungen 22

        I. Begriff und Wesen der Abgabenforderungen 22

        II. Die Forderungen aus verwaltungsrechtlichen Ausgleichs- und Schuldverhältnissen 23

    C. Zusammenfassung und Folgerungen 27

§ 3. Bedeutung und Umfang des Problems 28

    A. Der bisherige Anwendungsbereich des Leistungsbescheides zur Geltendmachung von Geldforderungen im Spiegel der Rechtsprechung 28

    B. Die rechtliche Begründung für die Geltendmachung von Forderungen durch Leistungsbescheid 29

Zweites Kapitel

Der Leistungsbescheid und seine immanente Eingriffswirkung   32

§ 4. Der Leistungsbescheid als zusammengesetzter Verwaltungsakt 32

    A. Einordnung des Leistungsbescheides 32

        I. Der Verwaltungsakt als Institut des Verwaltungsrechts und des Verwaltungsverfahrensrechts 33

        II. Die Komplexität des Leistungsbescheides 35

    B. Der Leistungsbescheid als hoheitliche Handlung 37

        I. Die Einseitigkeit des hoheitlichen Handelns 38

        II. Die Verbindlichkeit des hoheitlichen Handelns 39

§ 5. Leistungsbescheid, Rechtsverhältnis und Rechtsnorm 40

    A. Rechtsnorm und Rechtsverhältnis 40

		I. Das Rechtsverhältnis i. w. S.	40
		II. Das Rechtsverhältnis i. e. S.	41
	B.	Leistungsbescheid und Verwaltungsrechtsverhältnis	42
		I. Verwaltungsakt und Rechtsverhältnis	42
		II. Leistungsbescheid und Verwaltungsrechtsverhältnis	44
§ 6.	Die immanente Eingriffswirkung des Leistungsbescheides		45
	A.	Der verbindliche Befehl als Eingriff	45
		I. Der Nachweis des Eingriffscharakters des Leistungsbescheides aus der strukturellen Beziehung zwischen Verwaltungsakt und Norm	46
		II. Bestätigung des gefundenen Ergebnisses durch die Gestaltung des verwaltungsgerichtlichen Anfechtungsprozesses ...	48
	B.	Einzeldarstellung der Eingriffswirkung des Leistungsbescheides	48
		I. Die allgemeine Abwehrlage des Adressaten eines Verwaltungsakts	49
		II. Die Klägerrolle des Adressaten im verwaltungsgerichtlichen Verfahren	50
§ 7.	Zusammenfassung und Folgerungen		51

Drittes Kapitel

Die rechts-strukturellen Grundlagen des einseitigen Handelns durch Befehl   53

§ 8.	Forderungs- und Gewaltverhältnis		53
§ 9.	Forderungs- und Gewaltverhältnis im öffentlichen Recht; insbes. das verwaltungsrechtliche Gewaltverhältnis		56
	A.	Die Gewalt des öffentlich-rechtlichen Gewaltverhältnisses	56
	B.	Die verschiedenen öffentlich-rechtlichen Gewaltverhältnisse	57
		I. Das Vollstreckungsverhältnis	57
		II. Das Regelungsverhältnis	58
		III. Das Verhältnis zwischen den verschiedenen Gewaltverhältnissen	58
§ 10.	Folgerungen für die hoheitliche Geltendmachung von Forderungen durch Leistungsbescheid		59
	A.	Die Voraussetzungen für die hoheitliche Geltendmachung von Forderungen	59
	B.	Die Unableitbarkeit eines Gewaltverhältnisses aus genau bestimmte oder bestimmbare Forderungen erzeugenden Rechtssätzen und Verträgen	60

C. Die Unbrauchbarkeit der Vollstreckungsgesetze als Grundlage für eine Befähigung zur hoheitlichen Geltendmachung von Forderungen 62

Viertes Kapitel

Das allgemeine Gewaltverhältnis als Grundlage für den Erlaß von Leistungsbescheiden   64

§ 11. Begriff und Wesen des allgemeinen Gewaltverhältnisses 64

    A. Der Begriff des allgemeinen Gewaltverhältnisses in der wissenschaftlichen Entwicklung 65

    B. Begriffliche Abgrenzungen des allgemeinen Gewaltverhältnisses   66

        I. Das allgemeine Gewaltverhältnis als Inbegriff der Verbandspflichten 67

        II. Das allgemeine Gewaltverhältnis als rechtlich begrenztes Herrschaftsverhältnis 69

        III. Der Begriff des allgemeinen Gewaltverhältnisses 72

§ 12. Das allgemeine Gewaltverhältnis im gewaltgliedernden Staat 73

    A. Die Gliederung der Gewalt nach dem Grundgesetz 73

    B. Auswirkungen der Gewaltentrennung und der Gewaltenhemmung 74

§ 13. Das allgemeine Gewaltverhältnis und die Gesetzmäßigkeit der Verwaltung 75

    A. Gesetzmäßigkeit der Verwaltung, Gesetzesvorrang und Gesetzesvorbehalt 75

    B. Folgerungen aus dem Prinzip der Gesetzmäßigkeit der Verwaltung für das allgemeine Gewaltverhältnis 77

§ 14. Zusammenfassung und Folgerungen 78

    A. Die Bedeutungslosigkeit des allgemeinen Gewaltverhältnisses für das Verwaltungsrecht 78

    B. Die Unterscheidung zwischen Befähigung und Befugnis 79

    C. Folgerungen für die Geltendmachung von Forderungen 81

Fünftes Kapitel

Das besondere Gewaltverhältnis als rechtliche Grundlage für den Erlaß von Leistungsbescheiden   83

§ 15. Begriff und Wesen des besonderen Gewaltverhältnisses 83

    A. Die Besonderheit eines Gewaltverhältnisses 84

    B. Das Merkmal der verschärften Abhängigkeit 85

§ 16. Die Beschränkung der Gewaltausübung im besonderen Gewaltverhältnis 87

    A. Die Gewaltbeschränkung durch den Zweck des besonderen Gewaltverhältnisses 87

        I. Die Grenzen der Gewaltausübung im Betriebsverhältnis ... 88
       II. Die Grenzen der Gewaltausübung im Grundverhältnis 88

    B. Die Beschränkung der Gewaltausübung durch den Gesetzesvorbehalt 89

        I. Die Geltung des Gesetzesvorbehalts im besonderen Gewaltverhältnis in der konstitutionellen Staatsrechtslehre 90
       II. Die Geltung des Gesetzesvorbehalts im besonderen Gewaltverhältnis unter der geltenden Verfassungslage 90

§ 17. Zusammenfassung und Folgerungen 92

    A. Die Begrenztheit der Befehlsbefugnis im besonderen Gewaltverhältnis 92

    B. Folgerungen 93

Sechstes Kapitel

Die Ermächtigung zum Erlaß von Leistungsbescheiden in der gegenwärtigen Rechtslage   96

§ 18. Die Ermächtigung auf Grund allgemeinen Rechtsgrundsatzes oder Gewohnheitsrechts 96

    A. Die Nichtableitbarkeit der Befugnis zum Erlaß von Verwaltungsakten aus einem allgemeinen Rechtsgrundsatz 97

    B. Die Nichtableitbarkeit der Befugnis zum Erlaß von Verwaltungsakten aus Gewohnheitsrecht 98

§ 19. Die spezielle Problematik des öffentlichen Dienstrechts 99

§ 20. Zusammenfassung und Folgerungen 101

Siebentes Kapitel

Die Einordnung des Ergebnisses in das System des Verwaltungsrechts   103

§ 21. Die Vereinbarkeit des Ergebnisses mit dem System des Verwaltungsrechts 103

    A. Der Begriff der öffentlichen Verwaltung und das Verhältnis zwischen Verwaltung und Zivilperson 103

    B. Die Vereinbarkeit des Ergebnisses mit dem Verwaltungsrecht als Teil des öffentlichen Rechts 105

§ 22. Die Klage zur Geltendmachung von Geldforderungen als systemgerechte Verwaltungshandlung 107

    A. Die Einordnung der Behördenklage in die Rechtsformen der Verwaltung 107

    B. Die materielle Bestimmung der Verwaltungstätigkeiten am Beispiel der Verbandsverwaltung und der Vermögensverwaltung und die wesensgemäßen Handlungsformen 108

        I. Die Notwendigkeit einer materiellen Bestimmung der Verwaltungstätigkeiten 109

        II. Die materielle Bestimmung der Verbandsverwaltung und der Vermögensverwaltung und ihre wesensgemäßen Handlungsformen 109

§ 23. Zusammenfassung 112

Achtes Kapitel

Die verfassungsrechtlichen Grenzen einer gesetzlichen Ermächtigung der Verwaltung zur hoheitlichen Geltendmachung von Geldforderungen durch Leistungsbescheid   114

§ 24. Die hoheitliche Geltendmachung von Geldforderungen durch Leistungsbescheid und das Prinzip der Gewaltgliederung 115

    A. Der Begriff der Rechtsprechung 115

    B. Der Leistungsbescheid als Akt materieller Rechtsprechung 116

    C. Die Vereinbarkeit der Emächtigung zur Geltendmachung von Forderungen durch Leistungsbescheid mit dem Grundsatz der Gewaltgliederung 117

§ 25. Leistungsbescheid und Übermaßverbot 118

    A. Das Übermaßverbot als Verfassungsgrundsatz 118

    B. Die Meßbarkeit der Anwendung hoheitlicher Gewalt unter dem Gesichtspunkt des Übermaßes 120

    C. Die Verletzung des Übermaßverbotes durch die Anwendung hoheitlicher Gewalt zur Geltendmachung von Geldforderungen 120

        I. Die hoheitliche Geltendmachung von Forderungen und das Prinzip der Erforderlichkeit 121

        II. Die hoheitliche Geltendmachung von Forderungen und das Prinzip der Verhältnismäßigkeit 121

§ 26. Zusammenfassung und Folgerungen 124

§ 27. **Zusammenfassende Leitsätze** 126

Literaturverzeichnis 129

Abkürzungsverzeichnis

AöR	=	Archiv des öffentlichen Rechts (zitiert nach Band und Seite)
AVAVG	=	Gesetz über Arbeitsvermittlung und Arbeitslosenfürsorge i. d. F. vom 3. April 1957 (BGBl. III 810—1)
BArbBl.	=	Bundesarbeitsblatt (Zeitschrift; zitiert nach Jahr und Seite)
BayVBl.	=	Bayerische Verwaltungsblätter (NF seit 1955; zitiert nach Jahr und Seite)
BayVwZVG	=	Bayerisches Verwaltungszustellungs- und Vollstreckungsgesetz vom 30. Mai 1961 (BayGVBl. S. 357)
BBG	=	Bundesbeamtengesetz von 1953 i. d. F. vom 1. Oktober 1961 (SaBl. 1873)
BEG	=	Bundesgesetz zur Entschädigung für Opfer der nationalsozialistischen Verfolgung (Bundesentschädigungsgesetz — BEG) vom 29. Juni 1956 (BGBl. III 251—1)
Bez. VG	=	Bezirksverwaltungsgericht
BRRG	=	(Bundes-)Rahmengesetz zur Vereinheitlichung des Beamtenrechts (Beamtenrechtsrahmengesetz) von 1957 i. d. F. vom 2. Oktober 1961 (SaBl. 1905)
BSHG	=	Bundessozialhilfegesetz vom 30. Juni 1961 (SaBl. 1248)
Buchholz	=	Sammel- und Nachschlagewerk des Bundesverwaltungsgerichts, Berlin-Köln 1964 (Loseblattausgabe)
BVerfGE	=	Amtliche Sammlung der Entscheidungen des Bundesverfassungsgerichts (zitiert nach Band und Seite)
BVerwGE	=	Amtliche Sammlung der Entscheidungen des Bundesverwaltungsgerichts (zitiert nach Band und Seite)
Diss. jur.	=	Juristische Dissertation (zitiert mit Hochschulort und Jahr)
DöV	=	Die öffentliche Verwaltung (Zeitschrift seit 1949; zitiert nach Jahr und Seite)
DVBl.	=	Deutsches Verwaltungsblatt (Zeitschrift seit 1950; zitiert nach Jahr und Seite)
E. u. M.	=	Entscheidungen und Mitteilungen des Reichsversicherungsamts (zitiert nach Band und Seite)
ErstG	=	Gesetz über das Verfahren für die Erstattung von Fehlbeständen an öffentlichen Vermögen (Erstattungsgesetz) vom 18. April 1937 i. d. F. vom 17. Mai 1950 (neu bekannt gemacht im BGBl. 1951 I, S. 109)
FEVS	=	Fürsorgerechtliche Entscheidungen der Verwaltungs- und Sozialgerichte (zitiert nach Band und Seite)
Fin.Arch.	=	Finanzarchiv (zitiert nach Band, Jahr und Seite)

Abkürzungsverzeichnis

GG	=	Grundgesetz für die Bundesrepublik Deutschland vom 23. Mai 1949
HdBDStR	=	Handbuch des Deutschen Staatsrechts. Herausgegeben von Gerhard Anschütz und Richard Thoma, 2 Bände, Tübingen 1930/1932
HdSW	=	Handwörterbuch der Sozialwissenschaften. Herausgegeben von Erwin von Beckerath u. a., 13 Bände, Stuttgart-Tübingen-Göttingen seit 1956
JuS	=	Juristische Schulung (Zeitschrift seit 1961; zitiert nach Jahr und Seite)
JZ	=	Juristenzeitung (Fortsetzung der Deutschen Rechtszeitschrift und der Süddeutschen Juristenzeitung, seit 1951; zitiert nach Jahr und Seite)
LAG	=	Gesetz über den Lastenausgleich vom 14. August 1952 (BGBl. III 621—1)
LBG NW	=	Beamtengesetz für das Land Nordrhein-Westfalen (Landesbeamtengesetz) von 1954 i. d. F. vom 1. Juli 1962 (SaBl. 770)
LSG	=	Landessozialgericht
MDR	=	Monatsschrift für deutsches Recht (Zeitschrift seit 1947; zitiert nach Jahr und Seite)
ME VwVerfG 63	=	Musterentwurf eines Verwaltungsverfahrensgesetzes mit Begründung, Köln und Berlin 1964
MRVO 165	=	Verordnung Nr. 165 der Militärregierung — Britisches Kontrollgebiet — über Verwaltungsgerichtsbarkeit in der britischen Zone (VOBl. BZ 1948, 263; aufgehoben durch § 195 Abs. 2 Ziff. 2 VwGO)
NJW	=	Neue Juristische Wochenschrift (Zeitschrift seit 1949)
OWiG	=	(Bundes-)Gesetz über Ordnungswidrigkeiten vom 25. März 1952 (BGBl. I 177) i. d. F. vom 26. Juli 1957 (BGBl. I 861)
PAG	=	Gesetz über die Aufgaben und Befugnisse der Polizei in Bayern von 1954 i. d. F. vom 3. April 1960 (SaBl. 637)
RAO	=	Reichsabgabenordnung von 1919 i. d. F. vom 22. Mai 1937 (RGBl. I 161)
RBG	=	Gesetz betreffend die Rechtsverhältnisse der Reichsbeamten (Reichsbeamtengesetz) vom 31. März 1873 (RGBl. S. 61) i. d. F. vom 17. 5. 07 (RGBl. S. 201) mit Änderungen
RHO	=	Reichshaushaltsordnung vom 31. Dezember 1922 (RGBl. 1923 II S. 17) i. d. F. der Bekanntmachung vom 14. April 1930 (RGBl. II 693) mit Änderungen
RiA	=	Das Recht im Amt (Zeitschrift seit 1954; zitiert nach Jahr und Seite)
RVA	=	Reichsversicherungsamt
RVO	=	Reichsversicherungsordnung von 1911 i. d. F. vom 15. Dezember 1924 mit zahlreichen Änderungen
SoldG	=	(Bundes-)Soldaten-Gesetz vom 19. März 1956 (BGBl. I S. 114) mit zahlreichen Änderungen
Verw.Arch.	=	Verwaltungsarchiv (1893—1942 und seit 1957; zitiert nach Band, Jahr und Seite)

Verw.Rspr.	=	Verwaltungsrechtsprechung in Deutschland (Herausgegeben von G. Ziegler; seit 1949; zitiert nach Band und Seite)
VVDStL	=	Veröffentlichungen der Vereinigung der Deutschen Staatsrechtslehrer (seit 1924; zitiert nach Heft, Jahr und Seite)
VwVG	=	Verwaltungsvollstreckungsgesetz vom 27. April 1953 (BGBl. I S. 157)
VwVG NW	=	Verwaltungsvollstreckungsgesetz für das Land Nordrhein-Westfalen vom 23. Juli 1957 (GV NW S. 216)
VwGO	=	Verwaltungsgerichtsordnung vom 21. Januar 1960 (BGBl. I S. 17)
WBDStVR	=	Wörterbuch des Deutschen Staats- und Verwaltungsrechts. Begründet von Karl Freiherrn von Stengel, 2. voll umgearbeitete und erweiterte Auflage, herausgegeben von Max Fleischmann, 3. Bd., Tübingen 1914
ZBR	=	Zeitschrift für Beamtenrecht (zitiert nach Jahr und Seite)

§ 1. Einführung

Die moderne Verwaltung wird in immer wachsendem Maße in vermögensrechtliche Beziehungen mit dem einzelnen Bürger gebracht, je mehr die staatlichen Leistungen zunehmen und die Verwaltung gezwungen ist, zur Bewältigung ihrer Aufgaben in einer hochindustrialisierten Gesellschaft ständig komplizierter und teurer werdende technische Mittel in Gebrauch zu nehmen. Schon längst sind neben die klassische Geldforderung des Staates, die Abgabe in ihren verschiedenen Ausprägungen, öffentlich-rechtliche Schadensersatz- und Erstattungsansprüche getreten, und neuerdings finden sich häufiger auch Geldansprüche aus verwaltungsrechtlichen Verträgen. So steht die moderne Verwaltungsrechtswissenschaft nicht mehr allein vor dem Problem, wie der Zivilperson[1] zu ihrem Recht zu verhelfen ist, wenn sie Geldforderungen gegen den Staat hat[2], sondern heute stellt sich mit gleicher Eindringlichkeit die Frage, welche Möglichkeiten den Verwaltungsbehörden zur Verfügung stehen, um Geldforderungen des Staates gegen Zivilpersonen geltend zu machen und wie Geldforderungen von einem staatlichen Vermögensträger gegen einen anderen durchzusetzen sind.

Hinsichtlich der ersten Frage bestehen angesichts des lückenlosen Rechtsschutzes, den das Grundgesetz den Zivilpersonen gegen die öffentliche Gewalt gewährt, keine Zweifel mehr, daß alle Geldforderungen des einzelnen gegen den Staat im Klagewege verfolgt werden können. In den beiden letzten Fällen ist jedoch noch ungeklärt, ob die zur Geltendmachung öffentlich-rechtlicher Geldforderungen zuständige Behörde im Wege des Leistungsbescheides vorgehen kann oder sich im Klagewege einen vollstreckbaren Titel verschaffen muß. Diese Frage soll Gegenstand der vorliegenden Untersuchung sein. Dabei wird das Problem der Geltendmachung öffentlich-rechtlicher Geldforderungen eines Trägers öffentlicher Verwaltung gegen einen anderen[3] oder einer Behörde gegen eine andere ausgeklammert, weil mit ihr eine umfangreiche Problematik verbunden ist, die den Rahmen der Untersuchung sprengen würde und

---

[1] Zum Begriff der Zivilperson vgl. *Wolff* I, § 32, II, c, 2 (S. 160).

[2] Dies war vor vierzig Jahren noch das wesentliche Problem des öffentlichen Vermögensrechts; vgl. *Lassar*, Der Erstattungsanspruch im Verwaltungs- und Finanzrecht.

[3] z. B. im Rahmen des Finanzausgleichs zwischen Bund und Ländern; Schadensersatzansprüche des Bundes gegen Länder oder Gemeinden, die anläßlich der Durchführung von Auftragsangelegenheiten gemäß Art. 85 GG entstehen.

deshalb einer eigenen Behandlung bedarf[4]. Unsere präzise Fragestellung lautet also: Welche Möglichkeiten stehen der Verwaltung von Rechts wegen zur Verfügung, um öffentlich-rechtliche Geldforderungen gegen Zivilpersonen geltend zu machen? Sie zeigt zugleich die erstaunliche Aktualität der von F. *Stein* im Jahre 1912 getroffenen Feststellung, „daß die Wissenschaft vom Verwaltungsrecht noch mit der Herausarbeitung des öffentlichen Vermögensrechts im Rückstande ist"[5]. Galt dieser Satz damals überhaupt der Begründung eines öffentlichen Vermögensrechts und dessen Abgrenzung gegenüber dem privaten, so hat er jetzt allerdings einen ganz anderen Sinn bekommen.

Nach der alten Fiskustheorie, für die alle vermögenswerten Forderungen privaten Rechts waren und der Staat als Fiskus dem Bürger gleichgestellt war, konnte die Frage, wie staatliche Forderungen gegen Zivilpersonen geltend gemacht werden können, allerdings überhaupt nicht entstehen. Die Klage vor den Zivilgerichten war selbstverständlich. Mit der Einordnung vieler Forderungen ins öffentliche Recht und der Liquidierung des Fiskus als neben dem Staat bestehenden besonderen Privatrechtssubjekts ergab sich für die Verwaltung allererst die Aussicht, solche Forderungen mit den ihr eigenen Machtmitteln durchzusetzen; denn jetzt handelt auch bei der Geltendmachung von Forderungen nicht mehr das Privatrechtssubjekt Fiskus, sondern die Verwaltung als Träger öffentlicher Gewalt, als Staat.

Deshalb schien und scheint die hoheitliche Geltendmachung von Geldforderungen öffentlichen Rechts gegen Zivilpersonen nur konsequent zu sein, zumal ja bei Abgabenforderungen schon lange das hoheitliche Mittel des Leistungsbescheides selbstverständlich ist (vgl. §§ 210, 211, 212 RAO) und unsere Rechtsordnung in dem dem Defektenverfahren alten Rechts nachgebildeten Erstattungsgesetz vom 18. April 1937 einen weiteren Fall hoheitlicher Geltendmachung von Geldforderungen kennt. So wird das Erstattungsgesetz vom Bundesverwaltungsgericht sogar als ein „systemgerechter Schritt in Richtung auf die heutige Rechtsordnung"[6] angesehen.

Ist die hoheitliche Geltendmachung staatlicher Geldforderungen gegen Zivilpersonen wirklich systemgerecht? Man möchte es annehmen, wenn man etwa die Diskussion um Verwaltung und Gesetzesvorbehalt verfolgt, die im Hinblick auf die Leistungsverwaltung in letzter Zeit geführt wird. Sogar bei den Befürwortern einer strengen Bindung auch der leistenden Verwaltung an eine gesetzliche Grundlage[7] und in den diese

---

[4] Es sei nur auf das Problem der In-sich-Klage hingewiesen.
[5] *Stein*, Grenzen und Beziehungen zwischen Justiz und Verwaltung, S. 33.
[6] BVerwG U. 17. 9. 64 — II C 147/61 —: BVerwGE Bd. 19, S. 243 ff. (247).
[7] *Jesch*, Gesetz und Verwaltung, S. 175 ff.; *Rupp*, Grundfragen, S. 113 ff. (143); *Vogel*, Gesetzgeber und Verwaltung: VVDStL Heft 24 (1966) S. 125 ff. (151 ff.).

Frage betreffenden Berichten und Diskussionen der Deutschen Staatsrechtslehrer[8] klingt keinerlei Zweifel an, daß die Verwaltung berechtigt ist, jederzeit verbindlich und einseitig durch Verwaltungsakt zu handeln, wenn nur der Inhalt dieser Handlung rechtlich zulässig ist.

Die Selbstverständlichkeit dieser Annahme ist freilich kaum zu verstehen, weil gerade in neuerer Zeit die Meinung vordringt, daß die vollziehende Gewalt keinen „Eigenbereich"[9] mehr habe und mit der Monarchie „der letzte Rest von wirklich oder scheinbar legitimierter Obrigkeit"[10] verschwunden sei. Der Mangel eines unabgeleiteten eigenen Rechts läßt es nämlich fraglich erscheinen, ob die Verwaltung ohne weiteres hoheitlich durch Verwaltungsakt handeln kann. Daß dieses Problem bisher kaum gesehen wurde, mag daran liegen, daß man sich immer die Frage stellte, ob eine Handlung dieses Inhalts und mit diesem Ziel von der Verwaltung wahrgenommen werden könne, aber nicht nach dem Verfahren und seinen Auswirkungen[11]. Unterscheidet man aber klar die Frage, ob die Verwaltungsbehörde etwas verlangen kann, von der nach dem Wege ihres Vorgehens und der Art ihres Handelns, so erscheint es keineswegs mehr selbstverständlich, daß mit der Zuerkennung eines materiellrechtlichen Anspruchs an die Verwaltung dieser zugleich die Befugnis gegeben ist, ihn durch Erlaß eines Verwaltungsaktes geltend zu machen[12].

Die Regelungen der Reichsabgabenordnung und des Erstattungsgesetzes sprechen dafür, daß die Verwaltung zur hoheitlichen Geltendmachung von Forderungen einer besonderen gesetzlichen Ermächtigung bedarf. Wäre nämlich der Erlaß von Leistungsbescheiden immer ohne weitere Voraussetzung als der Zuerkennung eines materiell-rechtlichen Anspruchs möglich gewesen, so hätte es dieser Vorschrift nicht bedurft. Unter der vom Bundesgrundgesetz geschaffenen Verfassungslage, nach der die früher weitgehende Unterordnung des Bürgers unter den Staat einem eher partnerschaftlichen Verhältnis gewichen ist[13], ist daher aller Anlaß gegeben, die Frage zu überdenken: Kann die Verwaltung Geldforderungen des Staates gegen säumige oder zahlungsunwillige Zivilpersonen jederzeit mit den Mitteln von Befehl und Zwang, also durch

---

[8] Vgl. die Berichte von *Mallmann* und *Zeidler*, Schranken nichthoheitlicher Verwaltung: VVDStL Heft 19 (1961) S. 165—291 und die anschließende Diskussion.

[9] *Jesch*, Gesetz und Verwaltung, S. 98.

[10] *Mallmann*, Schranken nichthoheitlicher Verwaltung: VVDStL Heft 19 (1961) S. 165 ff. (177).

[11] *Langrod*, Probleme des allgemeinen Verwaltungsverfahrens: DVBl. 61, S. 305 f. (306).

[12] *Bachof*, Die Rechtsprechung des Bundesverwaltungsgerichts: JZ 66, S. 58 (60).

[13] *Achterberg*, Urteilsanmerkung: DVBl. 66, S. 152 ff. (154).

Verwaltungsakt bzw. Leistungsbescheid geltend machen, oder muß sie sich nach einfacher Aufforderung zur Leistung (ohne potentielle Letztverbindlichkeit) im Streitfalle der Hilfe der Gerichte bedienen und im Klagewege einen vollstreckbaren Titel erwirken[14]?

Ehe allerdings an die Beantwortung dieser Farge herangetreten werden kann, erscheint es sinnvoll, sich einen Überblick über Arten und Wesen der staatlichen Geldforderungen und die praktische Bedeutung des Problems zu verschaffen.

---

[14] Neben den genannten Möglichkeiten zur Geltendmachung von Forderungen besteht selbstverständlich auch noch die, im Wege der einfachen rechtsgeschäftlichen Willenserklärung Befriedigung zu suchen oder den Verpflichteten zur Leistung zu veranlassen. Hierher gehören etwa die in §§ 51 Abs. 2 BRRG, 84 Abs. 2 BBG, 95 Abs. 2 LBG NW für die Fälle der Rückforderung zu viel gezahlter Bezüge ausdrücklich vorgesehenen Aufrechnungs- und Zurückbehaltungsrechte des Dienstherren gegenüber den Beamten. Diese Art der Leistungserzwingung ist aber für unser Problem weniger charakteristisch, da sie gewissermaßen das Seitenstück des Klageweges ist. Auch im bürgerlichen Recht kann der Forderungsberechtigte bei Vorliegen der übrigen Voraussetzungen auf den Klageweg verzichten und sich Befriedigung durch Aufrechnung verschaffen oder durch Ausübung des Zurückbehaltungsrechts den Verpflichteten zur Leistung bewegen. Unsere Fragestellung geht aber dahin, ob die Träger öffentlicher Verwaltung mit den ihnen zur Verfügung stehenden Machtmitteln bei der Geltendmachung von Forderungen vorgehen können oder nicht.

Erstes Kapitel

Die staatlichen Geldforderungen und ihre Geltendmachung in der Verwaltungspraxis

§ 2. Die öffentlich-rechtlichen Geldforderungen des Staates gegen Zivilpersonen

Die tatsächliche und rechtliche Bedeutung des aufgeworfenen Problems wird nur anschaulich, wenn man sich den Umfang der möglichen staatlichen Forderungen gegen die Zivilpersonen vergegenwärtigt und sie nach ihrem Wesen unterscheidet.

A. Die Arten der öffentlich-rechtlichen Geldforderungen

Im wesentlichen stehen dem Staate Geldforderungen zu, die in Abgabenforderungen und Forderungen aus verwaltungsrechtlichen Ausgleichs- und Schuldverhältnissen eingeteilt werden können[1]. Unter dem Begriff „Abgabenforderungen" werden dabei die Steuern, Beiträge, Gebühren und Kosten zusammengefaßt[2]; sie sollen deshalb die Bezeichnung „öffentliche Abgaben" tragen, weil sie kraft öffentlicher Gewalt zur Erzielung von Einkünften für ein Gemeinwesen oder eine öffentliche Körperschaft auferlegt werden[3]. Unter den Begriff Ausgleichsforderungen faßt man die Erstattungs-, Schadensersatz- und als Unterfall der letzteren auch die Regreßforderungen (z. B. im Beamtenrecht)[4]. Forderungen aus öffentlich-rechtlichen Schuldverhältnissen sind hauptsächlich die Forderungen, die auf verwaltungsrechtlichen Verträgen beruhen[5].

---

[1] *Wolff* I, §§ 42 und 44.

[2] *Wolff* I, § 42, II, a, 2 (S. 225), der zwischen Abgaben i. e. S. (allgemeine Geldabgaben z. B. Steuern) und Vorzugsleistungen in Geld (besondere Geldabgaben z. B. Geldbeiträge) unterscheidet; *Becker-Riewald-Koch*, Reichsabgabenordnung ,Bd. I, § 1 Anm. 2 (1) S. 15.

[3] *Roth*, Die öffentlichen Abgaben und die Eigentumsgarantie im Bonner Grundgesetz, S. 44; W. *Jellinek*, Verwaltungsrecht, S. 386; BVerfG Beschl. 30. 10. 61 — 1 BvR 833/59 —: NJW 61, S. 2299 ff. (2301 oben rechts).

[4] *Wolff* I, § 44.

[5] *Wolff* I, § 44, I, b (S. 248).

B. Begriff und Wesen der öffentlich-rechtlichen Forderungen

I. Begriff und Wesen der Abgabenforderungen

Aus allen öffentlich-rechtlichen Forderungen ragt die Gruppe der Steuerforderungen heraus, die auch als Abgaben im engeren Sinne[6] bezeichnet werden. Nach § 1 RAO sind die wesentlichen Merkmale der Steuern, daß sie ohne bestimmte Gegenleistung zur Erzielung von Einkünften von einer öffentlich-rechtlichen Gebietskörperschaft erhoben werden[7]. Besonders auffällig ist bei der Steuer, daß sie ohne bestimmte Gegenleistung erbracht und erhoben wird. Damit scheint sie im Gegensatz zu Art. 14 GG zu stehen, der für den Eigentumsverlust durch einen Eingriff des Staates eine Entschädigung verlangt. Diese verfassungsrechtliche Problematik der Steuer soll allerdings nicht erörtert werden[8]. Sie soll nur aufgeworfen werden, um aufzuzeigen, daß die Steuer auf einem Grundsatz beruht, der noch Art. 14 GG vorgeht und letztlich in der Finanzhoheit des Staates gesehen werden muß[9]. Diese folgt ihrerseits aus dem Gedanken, daß der Staat und seine Glieder als Verbände nicht existieren können, ohne über die notwendigen Geldmittel zur Unterhaltung seines Apparats und zur Erfüllung seiner Aufgaben zu verfügen. Daraus folgt die Eigentümlichkeit der Steuer als hoheitlicher Forderung und die Finanzpflicht des einzelnen als Ausfluß des passiven Status, des allgemeinen Gewaltverhältnisses[10].

Beiträge sind Geldleistungen, die eine öffentlich-rechtliche Körperschaft zur Deckung oder Verringerung der Kosten einer öffentlichen Einrichtung von demjenigen verlangt, der durch sie einen besonderen Vorteil hat ohne Rücksicht darauf, ob er diesen auch in Anspruch nimmt[11]. Gebühren sind Geldleistungen, die für eine besondere Inanspruchnahme einer öffentlichen Einrichtung gefordert werden[12]. Voneinander unterscheiden sich Beiträge und Gebühren dadurch, daß die Beiträge ohne Rücksicht auf eine tatsächliche Inanspruchnahme einer öffentlichen Ein-

---

[6] *Wolff* I, § 42, II, a, 2 (S. 225).

[7] *Becker-Riewald-Koch*, Reichsabgabenordnung, § 1 Anm. 3 c (S. 18); der Steuerbegriff der RAO hat durch Art. 140 BGG i. V. m. Art. 137 Abs. 6 WRV jedoch insoweit eine Erweiterung erfahren, als auch die Religionsgesellschaften ein Besteuerungsrecht haben.

[8] Vgl. dazu ausführlich: *Roth*, Die öffentlichen Abgaben und die Eigentumsgarantie im Bonner Grundgesetz, S. 66 ff. (insbes. S. 82 u. 83); *Klein*, Eigentumsgarantie und Besteuerung: Steuer und Wirtschaft 1966, S. 434—486.

[9] *Wolff* I, § 42, II, a, 2 (S. 225); *Huber*, Wirtschaftsverwaltungsrecht, 2. Bd., S. 21.

[10] *Wolff* I, § 32, IV, c, 1 (S. 162).

[11] *Wolff* I, § 42, II, a, 2 (S. 225); *Becker-Riewald-Koch*, Reichsabgabenordnung, § 1 Anm. 4 b (S. 33).

[12] *Wolff* I, § 42, II, a, 2 (S. 225); *Becker-Riewald-Koch*, Reichsabgabenordnung, § 1 Anm. 4 b (S. 33).

§ 2. Die öffentlich-rechtlichen Geldforderungen gegen Zivilpersonen 23

richtung verlangt werden — allein wegen des gewährten möglichen wirtschaftlichen Vorteils —, die Gebühren dagegen immer eine tatsächliche Inanspruchnahme einer Behörde oder öffentlichen Einrichtung voraussetzen.

Einen Unterfall der Gebühren bilden die Kosten. Dieser Begriff wird für den Begriff Gebühr oft synonym gebraucht, wenn es sich um die Bezeichnung der Gebühren für eine Inanspruchnahme von Behörden — Verwaltungs- oder Justizbehörden — handelt[13]. Beitrags- und Gebührenforderungen unterscheiden sich äußerlich dadurch von den Steuern, daß beide Forderungsarten eine Gegenleistung verlangen, die Steuern dagegen nicht. Ein weiterer Unterschied liegt darin, daß sie nicht nur von einer Gebietskörperschaft, wie dies bei der Steuer der Fall ist, sondern ebenso von anderen Körperschaften oder Anstalten des öffentlichen Rechts erhoben werden können[14]. Mit den Steuern gemeinsam haben Beiträge, Gebühren und Kosten jedoch, daß sie Ausfluß der staatlichen bzw. (gebiets)körperschaftlichen Finanzhoheit sind.

*II. Die Forderungen aus verwaltungsrechtlichen
Ausgleichs- und Schuldverhältnissen*

Im Gegensatz zu ihrer praktischen Bedeutung steht die Kodifizierung der öffentlich-rechtlichen Schadensersatz- und Erstattungsforderungen des Staates gegen Zivilpersonen. So sind die Schadensersatzansprüche im wesentlichen in den Bundes- und Landesbeamtengesetzen und im Soldatengesetz positiviert[15]. Demgegenüber ist der Erstattungsanspruch, der an Häufigkeit in der Anwendung den Schadensersatzanspruch übertrifft, nur verhältnismäßig selten geregelt. Gesetzlich anerkannt ist er in den Gesetzen, die das öffentliche Dienstrecht betreffen[16], und in §§ 185 AVAVG und 92 BSHG[17]. Im übrigen wird der öffentlich-rechtliche Er-

---

[13] *Becker-Riewald-Koch*, Reichsabgabenordnung, § 1 Anm. 4 a (2) S. 21; vgl. dazu auch den Begriff der Kostenentscheidung im Verfahrensrecht, mit der allein oder zumindest auch über die Tragung der für die Tätigkeit der Verwaltungsbehörde oder des Gerichts fällig gewordenen Gebühren entschieden wird.
[14] *Becker-Riewald-Koch*, Reichsabgabenordnung, § 1 Anm. 4 b (S. 23).
[15] Vgl. z. B. §§ 46 BRRG, 78 BBG, 84 LBG NW, 24 SoldG.
[16] Vgl. §§ 53 BRRG, 87 BBG, 98 LBG NW. Dagegen ergibt sich eine Anerkennung des Erstattungsanspruches nicht aus dem Erstattungsgesetz vom 18. 4. 1937. Das Erstattungsgesetz gibt keine materiell-rechtlichen Ansprüche, sondern ist reines Verfahrensrecht (vgl. die amtliche Begründung zum ErstG, abgedruckt bei *Heuser-Kobel*, Erstattungsgesetz, S. 14). Im übrigen täuscht die Bezeichnung „Erstattungsgesetz" deshalb, weil in Wirklichkeit nach diesem Gesetz keine Erstattungs-, sondern Schadensersatzansprüche geltend gemacht werden (vgl. Wortlaut des § 1 ErstG).
[17] Vgl. zum Erstattungsanspruch *Stefen*, Erstattungs- und Ausgleichsansprüche im öffentlichen Recht: BArbBl. 61, S. 146—151; *Meier-Branecke*, Die

stattungsanspruch von Wissenschaft und Rechtsprechung aus allgemeinen Rechtsgedanken[18], in Analogie zu bürgerlich-rechtlichen Vorschriften[19] oder im Gegenschluß zu oder aus dem Zusammenhang mit anderen Vorschriften[20] gewonnen. Kennzeichnend für das Wesen des Erstattungsanspruches ist es, daß alle Bemühungen, einen öffentlich-rechtlichen Erstattungsanspruch zu begründen, von dem Gedanken getragen sind, daß es sich dabei um ein Recht handelt, „wie es in der Rechtsordnung immer gegeben ist, wenn die Gerechtigkeit einen Ausgleich der mit der Rechtslage nicht mehr übereinstimmenden Vermögenslage erfordert"[21]. Der Erstattungsanspruch ist also wie der Schadensersatzanspruch eine Forderung, die dem Vermögensausgleich dient. Sowohl Schadensersatz- als auch Erstattungsforderungen können jedem Rechtssubjekt als Forderungsinhaber zugeordnet sein, sofern dies vermögensfähig ist. Es sind Forderungen, die in der allgemeinen Gerechtigkeitsordnung begründet sind. Als ihr Inhaber nimmt der Staat — ähnlich wie jeder Bürger — an der allgemein geltenden Gerechtigkeit teil.

Gleichwohl handelt es sich bei diesen Forderungen keinesfalls um privatrechtliche, sondern sie sind ihrer Natur nach öffentlich-rechtlich. In

---

Anwendbarkeit privatrechtlicher Normen im Verwaltungsrecht: AöR Bd. 50 (1926) S. 230 ff. (253); *Lassar*, Der Erstattungsanspruch im Verwaltungs- und Finanzrecht, S. 94—108.

[18] Von dem Erstattungsanspruch als „Kehrseite der Leistungsgewährung" sprechen z. B.: BVerwG U. 19. 12. 56 — V C 118/55 —: BVerwGE 4, S. 215 (218); BVerwG U. 27. 5. 64 — VIII C 316/63 —: DVBl. 65, S. 329—330; BVerwG U. 26. 2. 65 — VII C 71/63 —: DöV 65, S. 710—712; BVerwG U. 28. 6. 57 — IV C 235/56 —: BVerwGE Bd. 6, S. 1 ff. (10) verweist darauf, daß der Erstattungsanspruch sowohl aus allgemeinen Rechtsgedanken als auch in Analogie von §§ 812 ff. BGB hergeleitet werden; nach BVerwG U. 9. 5. 58 — III C 42/57 —: BVerwGE Bd. 6, S. 323 (324) ist der Erstattungsanspruch ein Recht, „wie es in der Rechtsordnung immer gegeben ist, wenn die Gerechtigkeit einen Ausgleich der mit der Rechtslage nicht mehr übereinstimmenden Vermögenslage erfordert". *Wolff* I, § 44, I, c, 2 (S. 251) unterscheidet: eine Analogie zu §§ 812 ff. BGB ist nur dann möglich, wenn die Interessenlage mit der bürgerlich-rechtlichen kongruent ist, sonst kommt nur ein öffentlich-rechtlicher Erstattungsanspruch eigener Art in Frage; vgl. auch *Forsthoff*, Lehrbuch, S. 161; *Lassar*, Der Erstattungsanspruch im Verwaltungs- und Finanzrecht, S. 94 ff. (S. 101, 104—108); *Meier-Branecke*, Die Anwendung privatrechtlicher Normen im Verwaltungsrecht: AöR Bd. 50 (1926) S. 230 ff. (253—267).

[19] Das Bundesverwaltungsgericht knüpft in seinem Urteil vom 19. 9. 57 — II C 125/55 —: BVerwGE Bd. 5 S. 220 (226/227) an das Dienstrecht und das Recht der unerlaubten Handlung an; *Wolff* I, § 44, I, c, 2 (S. 251) mit der in der vorhergehenden Fußnote berichteten Unterscheidung.

[20] BVerwG U. 9. 5. 58 — III C 42/57 —: BVerwGE Bd. 6, S. 323 (324) schließt beispielsweise aus §§ 350 a, 343 Abs. 1, 343 Abs. 3 und 290 LAG auf das Vorhandensein eines Erstattungsanspruches. Ähnlich schließt das RVA in seiner Entscheidung vom 26. 2. 31 — 11 aK 561/301 —: E. u. M. Bd. 30, S. 43—47 ausgehend von § 223 RVO, der die Aufrechnung regelt, daß der Gesetzgeber der RVO dadurch mittelbar auch den Erstattungsanspruch anerkennt; vgl. auch RVA Entsch. 13. 10. 21 — II 5892/21 —: E. u. M. Bd. 13, S. 270—272.

[21] BVerwG U. 9. 5. 58 — III C 42/57 —: BVerwGE Bd. 6, S. 323 (324).

§ 2. Die öffentlich-rechtlichen Geldforderungen gegen Zivilpersonen 25

ihrer speziellen Ausgestaltung und Funktion können sie nämlich nur einem Subjekt hoheitlicher Gewalt zugeordnet werden[22]. So folgen öffentlich-rechtliche Schadensersatz- und Erstattungsansprüche immer einem Rechtsverhältnis, in dem der einzelne in nähere Beziehung zum Staate getreten ist. Die öffentlich-rechtliche Schadensersatzpflicht der Beamten und Soldaten setzt etwa die Verletzung einer Dienstpflicht oder Amtspflicht voraus[23]. Der öffentlich-rechtliche Erstattungsanspruch besteht nur in solchen Fällen, in denen zuvor auf Grund öffentlich-rechtlicher Beziehungen vom Staate eine Leistung an die Zivilperson erbracht worden ist. Sei es, daß es sich um Dienst- und Versorgungsbezüge, Sozialleistungen, Subventionen oder um öffentlich-rechtliche Geschäftsführung ohne Auftrag handelt. In diesem Zusammenhange hat die These, der Erstattungsanspruch sei die Kehrseite der Leistungsgewährung[24], seine Bedeutung; denn der Erstattungsanspruch ist dann öffentlich-rechtlicher Natur, wenn die Leistungsgewährung öffentlich-rechtlich begründet ist.

Letzten Endes wird die Zuordnung der genannten Ansprüche zum öffentlichen Recht allein verständlich, wenn man bedenkt, daß allen Ansprüchen ein Substanzverlust des öffentlichen Vermögens vorangegangen ist, dessen Bewahrung und Ausgleichung Aufgabe der Verwaltung ist. Schließlich ist die öffentlich-rechtliche Qualifizierung eines Rechts oder einer Pflicht keine Frage des Wesens des Rechts, sondern des Rechtsinhalts[25].

Die vertraglichen Geldansprüche fallen ganz aus dem Rahmen der bisherigen Anspruchsarten, wie auch der verwaltungsrechtliche Vertrag noch immer als eine Besonderheit im Bereiche des Verwaltungsrechts betrachtet wird[26]; denn als eigentümliche Handlungsart der Verwaltung gilt noch immer die einseitige und verbindliche durch Verwaltungsakt[27]. Wenn auch der Gesetzgeber selbst inzwischen den verwaltungsrechtlichen Vertrag anerkannt hat[28] und das Institut auch in den Entwurf eines Ver-

---

[22] Zur Abgrenzung des privaten und öffentlichen Rechts nach der Zuordnung von Rechtssätzen vgl. *Wolff*, Der Unterschied zwischen öffentlichem und privatem Recht: AöR Bd. 76 (1950/51), S. 205 ff. (208/209); *Wolff* I, § 22, II, c (S. 87); *Menger*, Höchstrichterliche Rechtsprechung zum Verwaltungsrecht: Verw. Arch. Bd. 50 (1959), S. 197 (198).

[23] Vgl. etwa §§ 84 Abs. 1 LBG NW, 78 Abs. 1 BBG, 46 Abs. 1 BRRG, 24 SoldG.

[24] Vgl. oben § 2, B, II (Fußn. 18).

[25] *Wolff*, Der Unterschied zwischen öffentlichem und privatem Recht: AöR Bd. 76 (1950/51), S. 205 ff. (207); *Giacometti*, Allgemeine Lehren, Bd. 1, S. 93 u. 112; *E. Kaufmann*, Verwaltung, Verwaltungsrecht: WBDStVR S. 702; *Merkl*, Allgemeines Verwaltungsrecht, S. 157.

[26] Dazu *Stern*, Zur Grundlegung, S. 107.

[27] *Wolff* I, § 44 (Anfang) S. 247.

[28] Vgl. z. B. § 123 Abs. 1 BBauG.

waltungsverfahrensgesetzes[29] aufgenommen worden ist, so ist die Auseinandersetzung mit dem Wesen und der Zulässigkeit des verwaltungsrechtlichen Vertrages seit seiner Ablehnung durch Otto *Mayer*[30] noch nicht zu einhelligen Ergebnissen gekommen[31]. Ebenso schwierig ist es festzustellen, worin das Wesen der Forderung zu sehen ist, die auf einem verwaltungsrechtlichen Vertrage beruht. Daß es sich dabei um einen öffentlich-rechtlichen Anspruch handelt, steht außer Zweifel. Dagegen scheint es unklar, ob ihm wirklich die Qualität, *vertraglich* zu sein, jederzeit zukommt. Seine vertragliche Eigenschaft tritt offensichtlich zurück, wenn die Verpflichtung, die er zum Gegenstand hat, zugleich auf einer gesetzlichen Grundlage beruht[32]; denn, soweit diese gesetzlichen Grundlagen durch den Vertrag nicht aufgehoben sind, sollen sie noch fortwirken[33]. Das gleiche gilt auch dort, wo der öffentlich-rechtliche Vertrag nur ein Tatbestandsmerkmal einer Rechtsnorm ist. Rein vertraglich sollen demgegenüber wohl nur solche Ansprüche sein, deren alleinige Rechtsquelle ein Vertrag ist[34]. Aus dieser Gegenüberstellung erhellt bereits die Widersprüchlichkeit. Entweder sind Ansprüche — dies gilt auch bei öffentlich-rechtlichen Verträgen — vertraglicher Natur, oder es handelt sich um Ansprüche, die nicht aus dem Vertrage folgen. Wenn über eine bereits gesetzlich bestehende Verpflichtung eine vertragliche Vereinbarung des gleichen Inhalts getroffen ist, so stehen die gesetzliche und vertragliche Verpflichtung allenfalls nebeneinander. Beruft sich die Verwaltungsbehörde bei der Aufforderung zur Leistungserbringung auf die gesetzliche Bestimmung, so geht sie aus dieser vor. Beruft sie sich auf den Vertrag, so macht sie einen vertraglichen Anspruch geltend. Die Frage

---

[29] Vgl. §§ 40 ff. ME VwVerfG 63.

[30] Otto *Mayer*, Zur Lehre vom öffentlich-rechtlichen Vertrage, in: AöR Bd. 3 (1888) S. 3 ff. (42).

[31] Vgl. die verschiedenen Auffassungen bei: *Apelt*, Der verwaltungsrechtliche Vertrag: AöR Bd. 84 (1959), S. 249—273; *Stern*, Zur Grundlegung: Verw. Arch. Bd. 49 (1958), S. 106—157; *Lerche*, Die verwaltungsrechtliche Klage aus öffentlichrechtlichen Verträgen: Staatsbürger und Staatsgewalt, Bd. 2, S. 59—60; *Bullinger*, Vertrag und Verwaltungsakt, 1962; *Salzwedel*, Grenzen der Zulässigkeit, 1958; *Imboden*, Der verwaltungsrechtliche Vertrag, 1958; *Rupp*, Zum Anwendungsbereich des verwaltungsrechtlichen Vertrages: JuS 61, S. 59—62; *Wolff* I, § 44, I, b (S. 248); *Pieper*, Zulässigkeit und Funktion des öffentlich-rechtlichen Vertrages im Verhältnis Staat und Bürger, insbesondere im Vergleich zur Funktion des Verwaltungsakts: DVBl. 67, S. 11 ff.; OVG Münster U. 21. 6. 60 — VII A 1138/58 —: DÖV 60, S. 738—739.

[32] *Wolff* I, § 44, I, b, 5 (S. 250); *Lerche*, Die verwaltungsrechtliche Klage aus öffentlich-rechtlichen Verträgen: Staatsbürger und Staatsgewalt, Bd. 2, S. 59 ff. (84).

[33] *Lerche*, Die verwaltungsrechtliche Klage aus öffentlich-rechtlichen Verträgen, ebenda.

[34] *Lerche*, Die verwaltungsrechtliche Klage aus öffentlich-rechtlichen Verträgen, ebenda, S. 85.

§ 2. Die öffentlich-rechtlichen Geldforderungen gegen Zivilpersonen 27

kann nur sein, inwieweit die Verwaltungsbehörde, wenn sie schon rechtmäßig einen Vertrag abschließen konnte, ihr Leistungsbegehren — trotz der vertraglichen Abmachung — unmittelbar auf die dahinterstehende gesetzliche Grundlage zu stützen vermag[35].

Dies ist aber nach Vertragsrecht zu beurteilen und soll hier nicht vertieft werden. Wesentlich ist nur, daß vertragliche Ansprüche, auch wenn sie nichts anderes zum Inhalt haben, als das Gesetz ohnehin bestimmt, vertraglicher Natur sind und daher Berechtigter und Verpflichteter rechtlich gleichgeordnet dastehen.

C. Zusammenfassung und Folgerungen

Die öffentlich-rechtlichen Forderungen können in Abgabenforderungen und Forderungen aus verwaltungsrechtlichen Ausgleichs- und Schuldverhältnissen eingeteilt werden.

Zu den Abgabenforderungen rechnen die Steuern, Beiträge, Gebühren und Kosten. Sie haben den Zweck, dem Staat die notwendigen Finanzmittel für seine Aufgaben zur Verfügung zu stellen, und beruhen auf der Finanzhoheit des Staates. Ihnen entsprechen die aus dem passiven Status folgenden Finanzpflichten der Zivilpersonen. Daher sind diese Forderungen wesensmäßig nur dem Staate bzw. einer öffentlich-rechtlichen Körperschaft als Subjekt zuzuordnen.

Die öffentlich-rechtlichen Schadensersatz- und Erstattungsansprüche dienen dem Ausgleich einer mit dem Recht nicht mehr übereinstimmenden Vermögenslage. Es sind Ausgleichsansprüche, die ihren Grund in der allgemeinen und für jedermann geltenden Gerechtigkeitsordnung finden. Daher könnten die Schadensersatz- und Erstattungsansprüche, die dem Staate zustehen, wesensmäßig jedem Rechtssubjekt zugeordnet werden. Als Inhaber von Schadensersatz- und Erstattungsforderungen nimmt der Staat an der allgemeinen Gerechtigkeitsordnung teil und stützt sich nur insofern auf ein Sonderrecht, als diese Forderungen im öffentlichen Recht begründet sind.

Die vertraglichen Forderungen sind nach Vertragsrecht zu behandeln. Dem Wesen des Vertrages entsprechend sind der Staat als Forderungsberechtigter und der Bürger als Verpflichteter gleichgeordnet.

---

[35] Wenn eine Behörde über eine ohnehin gesetzlich bereits bestehende Pflicht einen Vertrag schließt, muß wohl in der Tatsache des Vertragsschlusses der Wille der Behörde gesehen werden, nur aus dem vertraglichen Recht vorzugehen.

§ 3. Bedeutung und Umfang des Problems

A. Der bisherige Anwendungsbereich des Leistungsbescheides zur Geltendmachung von Geldforderungen im Spiegel der Rechtsprechung

Angesichts der möglichen Geldforderungen des Staates gegen Zivilpersonen wird auch der tatsächliche Umfang des Problems deutlich, wie die Verwaltungsbehörden öffentlich-rechtliche Forderungen geltend machen können.

In Rechtsprechung und Wissenschaft entzündete sich der Streit um diese Frage an Fällen des Schadensersatz- und Erstattungsanspruches. Soweit ersichtlich, hat zuerst das Bezirksverwaltungsgericht Berlin in einem Fall der Rückforderung zu viel gezahlter Requisitionsentschädigung die Auffassung vertreten, eine Forderung könne nicht ohne weiteres durch Verwaltungsakt geltend gemacht werden[1]. Ihm schloß sich in einem ähnlich gelagerten Falle alsbald das OVG Hamburg[2] an, das seine Rechtsprechung grundsätzlich mit dem Urteil vom 14. 1. 1965[3] nachdrücklich aufrechterhalten hat.

Besondere Bedeutung gewann dann das Problem im öffentlichen Dienstrecht mit der Frage, ob Schadensersatzansprüche gegen Beamte oder Soldaten gemäß §§ 78 BBG, 46 BRRG, 84 LBG NW bzw. 24 SoldG[4] oder Rückforderungsansprüche wegen zu viel oder zu Unrecht gezahlter Dienst- oder Versorgungsbezüge[5] durch Leistungsbescheid geltend gemacht werden können. Über den Bereich des öffentlichen Dienstrechts

---

[1] Bez. VG Berlin — amerik. Sektor — U. 16. 6. 50 — 1 B 31/50 —: DöV 51, S. 49—51.
[2] OVG Hamburg U. 27. 6. 51 — Bf II 72/50 —: MDR 51, S. 634—635.
[3] OVG Hamburg U. 14. 1. 65 — Bf II 20/64 —: ZBR 65, S. 634—635 (Schadensersatz).
[4] Die hoheitliche Geltendmachung bejahen: VGH Kassel U. 22. 5. 62 — OS I 73/61 —: DVBl. 63, S. 555—556; OVG Münster U. 19. 7. 62 — I A 672/61 —: DVBl. 63, S. 187—189; OVG Münster U. 7. 12. 65 — I A 837/64 —: ZBR 66, S. 180—181; BayVGH U. 21. 10. 60 — Nr. 139 III 59 —: BayVBl. 61, S. 56—57; BayVGH U. 3. 11. 64 — Nr. 82 VIII 63 —: DVBl. 66, S. 151—152; BVerwG U. 17. 7. 63 — VI C 173/61 —: Buchholz 237.7, § 84 LBG NW Nr. 1; BVerwG U. 6. 5. 64 — VIII C 394/63 —: BVerwGE Bd. 18, S. 283—288 = DVBl. 64, S. 921—923; BVerwG U. 17. 9. 64 — II C 147/61 —: BVerwGE Bd. 19, S. 243—252; BVerwG U. 28. 6. 65 — VIII C 10/65 —: DVBl. 66, S. 145—146; die hoheitliche Geltendmachung lehnen ab: OVG Koblenz U. 11. 3. 64 — 2 A 13/64 —: DVBl. 64, S. 931—932; OVG Hamburg U. 14. 1. 65 — Bf II 20/64 —: ZBR 65, S. 394—396; VG Koblenz U. 14. 8. 62 — 1 K 79/62 —; VG Wiesbaden U. 23. 3. 61 — I 2 485/59 —; VG Gelsenkirchen U. 2. 11. 62 — 1 K 251/61 —: RiA 63, S. 62—64; vgl. auch das erst kürzlich ergangene Urteil des VI. Senats des BVerwG vom 24. 6. 66 — VI C 183/62 —: BayVBl. 66, S. 387—389.
[5] Die hoheitliche Geltendmachung lassen zu: BayVGH U. 11. 12. 59 — 85 III 58 —: DVBl. 60, S. 175—177; BVerwG U. 24. 4. 59 — VI C 91/57 —: BVerwGE Bd. 8, S. 261—271; BVerwG U. 7. 12. 60 — VI C 65/57 —: ZBR 61, S. 277—279; BVerwG U. 17. 12. 63 — II C 24/62 —: BVerwGE Bd. 17, S. 286—293 = NJW 64, S. 739—741.

hinaus spielt die Frage nach dem „Wie" der Geltendmachung von Forderungen insbesondere beim Erstattungsanspruch eine erhebliche Rolle. Vor allem bei der Rückforderung zu viel oder zu Unrecht gezahlter Subventionen[6] und von Darlehn[7] stehen oft bedeutende wirtschaftliche Werte auf dem Spiel. Nicht weniger wirtschaftlich einschneidend können Rückforderungen von Leistungen auf dem immer umfangreicher werdenden Gebiete der Sozialleistungen[8] und im Bereich der Wiedergutmachung[9] sein. Bejaht man daher grundsätzlich die Möglichkeit zum Erlaß von Leistungsbescheiden zur Geltendmachung von Forderungen, so muß man sich darüber im klaren sein, daß die Verwaltung durch einen solchen (potentiell) verbindlichen Akt tief in den Lebensbereich des Betroffenen eingreift oder doch eingreifen kann. Die in Anspruch genommene Zivilperson muß dann von sich aus aktiv gegen den Staat tätig werden, um seine — vielleicht nur vermeintlichen — Rechte zu wahren, und in einem etwaigen Prozeß als Kläger auftreten mit allen damit verbundenen Nachteilen[10].

B. Die rechtliche Begründung für die Geltendmachung von Forderungen durch Leistungsbescheid

Der im vorstehenden gegebene Überblick über Umfang und Bedeutung des Problems in der Praxis der Verwaltung und Verwaltungsgerichte wäre unvollständig, wenn er nicht durch die Angaben der Begründungen

---

[6] Vgl. z. B. BVerwG U. 26. 2. 65 — VII C 71/63 —: DöV 65, S. 710—712 (Eiersubventionen); vgl. auch *Ipsen*, Die öffentliche Subventionierung Privater, S. 97 ff.

[7] BVerwG U. 23. 1. 62 — III C 203/60 —: NJW 62, S. 830—831 (Aufbaudarlehn).

[8] BSG U. 16. 8. 61 — 11 RV — 1112/60 —: DVBl. 61, S. 919—920 (es läßt die Geltendmachung zu viel gezahlter Versorgungsbezüge sogar von dem Erben durch Verwaltungsakt zu; in einem ähnlich gelagerten Fall der Rückforderung zu viel gezahlter LAG-Gelder hat dies das Bundesverwaltungsgericht verneint, vgl. BVerwG U. 18. 3. 64 — IV C 140/63 —: DVBl. 64, S. 924—925; ähnlich auch BVerwG U. 24. 4. 59 — VI C 91/57 —: BVerwGE Bd. 8, S. 261—271); BSG U. 17. 9. 64 — 12 RJ 378/61 —: NJW 65, S. 220 (Versicherungsleistungen); BVerwG U. 31. 8. 60 — V C 174/59 —: NJW 61, S. 234—235 (Fürsorgeunterstützung); BVerwG U. 15. 7. 64 — V C 23/63 —: Bay VBl. 65, S. 22 (Erstattung nach § 1531 RVO); VGH Bremen U. 30. 6. 59 — B A 22/59 —: DVBl. 59, S. 751—752 (Fürsorgeleistungen); OVG Münster U. 8. 2. 55 — VII A 844/53 —: FEVS Bd. 2, S. 22—30 (Tbc-Hilfe); VGH Kassel U. 24. 5. 62 — OS V 110/58 —: FEVS Bd. 8, S. 299—305 (Tbc-Hilfe); VGH Bd.-Württemberg Beschl. 9. 4. 63 — III 116/63 —: FEVS Bd. 11, S. 103—105 (Fürsorgeerziehungskosten); OVG Lüneburg U. 10. 2. 65 — IV A 65/63 —: FEVS Bd. 13, S. 126—132 (Erziehungsbeihilfe); OVG Berlin U. 30. 7. 65 — VI B 6/61 —: FEVS Bd. 13, S. 89—96 (Erziehungsbeihilfe); RVA Entsch. 13. 10. 21 — II 5892/21 —: E. u. M. Bd. 13, S. 270—272; RVA Entsch. 26. 2. 31 — II a K 561/30 —: E. u. M. Bd. 30, S. 43—47.

[9] BVerwG U. 27. 5. 64 — VIII C 316/63 —: DVBl. 65, S. 329—330 (Wiedergutmachung); BVerwG U. 18. 3. 64 — IV C 140/63 —: DVBl. 64, S. 924—925 (LAG-Rückforderung).

[10] BVerwG U. 18. 3. 64 — IV C 140/63 —: DVBl. 64, S. 924—925 hat die Tatsache, daß der Bürger im Prozeß als Kläger auftreten muß, als eine solche

für die Geltendmachung von Forderungen durch Leistungsbescheid ergänzt würde. Dies scheint vor allem deshalb sinnvoll, weil nichts geeigneter ist, in die rechtlichen Fragen einzuführen. Thesenartig lassen sich die Argumente etwa folgendermaßen zusammenstellen[11]:

Wenn die vollziehende Gewalt einen materiell-rechtlichen Anspruch gegen eine Zivilperson hat, kann sie diesen bei den ihr gewaltunterworfenen Bürgern im Wege des Leistungsbescheides geltend machen[12].

Die Befugnis der Organe der vollziehenden Gewalt, Verwaltungsakte zu erlassen, beruht auf einem allgemeinen Rechtsgrundsatz des deutschen Verwaltungsrechts und ist Gewohnheitsrecht[13].

Ähnlich meint *Spanner*, daß es überall im Bereich der Verwaltung einer ausdrücklichen gesetzlichen Ermächtigung zum Erlaß eines Verwaltungsakts nicht bedürfe. Dies folge schon daraus, daß der Verwaltungsakt das typische Mittel zur Individualisierung und Konkretisierung des abstrakt-generellen Gesetzes sei und seine Anwendung auf Gewohnheitsrecht beruhe[14].

Auf vergleichbarer Linie dürfte die Ansicht *Mengers* liegen, die Möglichkeit des Erlasses eines Leistungsbescheides folge daraus, daß ein Hoheitsträger prinzipiell in der Lage, d. h. fähig sei, einseitig verbindliche Regelungen, also Verwaltungsakte zu erlassen[15]. In gleiche Richtung gehen die Überlegungen von *Weides*, jede Verwaltungsbehörde besitze die verfahrensrechtliche Befugnis, Verwaltungsakte zu erlassen, ohne auf eine spezielle gesetzliche Ermächtigung angewiesen zu sein[16].

Von hier aus ist es nur noch ein kleiner Schritt zu der Annahme, der Gesetzesvorbehalt beziehe sich nur auf die materiell-rechtliche Grundlage behördlichen Handelns, nicht aber auf den Erlaß von Verwaltungsakten[17].

Belastung angesehen, daß er im konkret zu entscheidenden Falle einen Leistungsbescheid aus diesem Grunde für unzulässig hielt.

[11] Die Auseinandersetzung mit den einzelnen Meinungen geschieht im Laufe der gesamten Untersuchung.

[12] Etwa BVerwG U. 6. 5. 64 — VIII C 364/63 —: BVerwGE Bd. 18, S. 283—288; BayVGH U. 21. 10. 60 — Nr. 139 III 59 —: BayVBl. 61, S. 56—57; vgl. unten § 10.

[13] BVerwG U. 17. 9. 64 — II C 147/61 —: DöV 65, S. 53; vgl. unten § 18.

[14] BVerwG U. 17. 9. 64 — II C 147/61 —: DöV 65, S. 53; *Spanner*, Urteilsanmerkung: DöV 63, S. 29—31; vgl. unten II. Kap., § 4, B, I und § 6; § 18, A und B.

[15] *Menger*, Höchstrichterliche Rechtsprechung zum Verwaltungsrecht: Verw. Arch. Bd. 55 (1964), S. 73 ff. (80—82); vgl. unten § 14 insbes. B.

[16] *Weides*, Verwaltungsakt und Widerspruchsbescheid in der öffentlich-rechtlichen Arbeit: JuS 64, S. 62 ff., 122 ff. (112/113); vgl. unten § 14 insbes. B.

[17] OVG Münster U. 19. 7. 62 — I A 672/61 —: DVBl. 63, S. 187—189; vgl. unten § 6.

§ 3. Bedeutung und Umfang des Problems 31

Speziell für den Erstattungsanspruch wird argumentiert: Er sei nichts anderes als die Kehrseite der Leistungsgewährung, sei diese durch Verwaltungsakt erfolgt, könne jener auch durch Verwaltungsakt geltend gemacht werden[18].

Schließlich begründet *Haueisen* die hoheitliche Geltendmachung von Erstattungsforderungen mit der nicht näher begründeten These, mangels einer gesetzlichen Regelung gelte der Grundsatz, daß die Stelle, die zu Unrecht geleistet habe, gegen den Empfänger einen öffentlich-rechtlichen Erstattungsanspruch habe, und daß sie auch befugt sei, diesen Anspruch durch Verwaltungsakt festzustellen[19]. Dem mag der Gedanke zugrunde liegen, daß — wie *Götz* meint — eine der wichtigsten Folgerungen der Qualifizierung eines Anspruchs als öffentlich-rechtlich sei, daß die Verwaltung kraft öffentlicher Gewalt über den Anspruch zu entscheiden habe[20].

Trotz der Uneinheitlichkeit der verschiedenen Argumente ist in den referierten Begründungen eine einheitliche Gedankenführung zu erkennen. Aus der materiell-rechtlichen Berechtigung wird auf eine Handlungsbefugnis der Verwaltung geschlossen, ohne die Frage zu stellen, ob nicht gerade die Art und Weise des Verwaltungshandelns, der Leistungsbescheid, eine eigene Wirkung entfaltet. Von hierher hat allerdings die Kritik einzusetzen.

---

[18] Vgl. etwa BVerwG U. 31. 8. 60 — V C 174/59 —: NJW 61, S. 234—235; BVerwG U. 23. 1. 62 — III C 203/60 —: NJW 62, S. 830—831; BVerwG U. 26. 2. 65 — VII C 71/63 —: DöV 65, S. 710—712; BVerwG U. 27. 5. 64; — VIII C 316/63 —: DVBl. 65, S. 329—330; LSG Stuttgart U. 23. 6. 60 — L 1 b Va 2211/59 —: Ärztliche Mitteilungen 1960, S. 1846—1848; *Bettermann*, Urteilanmerkung: DVBl. 61, S. 921—923; vgl. unten § 14 insbes. B und C.
[19] *Haueisen*, Urteilsanmerkung: DVBl. 65, S. 330 f.
[20] *Götz*, Verzinsung öffentlich-rechtlicher Geldforderungen: DVBl. 61, S. 433 ff. (437); vgl. unten § 10.

Zweites Kapitel

Der Leistungsbescheid und seine immanente Eingriffswirkung

Der Leistungsbescheid ist ein Verwaltungsakt, durch den eine Verwaltungsbehörde von einer Zivilperson eine Leistung anfordert. Entsprechend der Problemstellung der Untersuchung soll hier von dem Leistungsbescheid die Rede sein, durch den die Leistung auf eine Geldforderung befohlen wird. Ob die Organe der Verwaltung in der Lage sind, ihnen zustehende Geldforderungen mittels Verwaltungsaktes geltend zu machen, kann nur beurteilt werden, wenn zuvor eine eingehende Auseinandersetzung Wesen und Wirkung dieses Verwaltungsaktes geklärt hat.

§ 4. Der Leistungsbescheid als zusammengesetzter Verwaltungsakt

A. Einordnung des Leistungsbescheides

Der Leistungsbescheid ist als Verwaltungsakt eine von einem Subjekt öffentlicher Verwaltung auf dem Gebiete des Verwaltungsrechts getroffene Regelung eines Einzelfalles, durch den in der Regel eine Person unmittelbar betroffen wird[1]. Der Verwaltungsakt steht seit seiner Einführung in die deutsche Verwaltungsrechtswissenschaft durch Otto *Mayer*[2] im Mittelpunkt der wissenschaftlichen Bemühungen als das in dieser Form „typische Mittel zur Konkretisierung und Individualisierung des abstrakt generellen Gesetzes"[3], wenngleich er sich in dieser Bedeutung keineswegs erschöpft[4]. Hier kann allerdings darauf verzichtet werden, auf den in einer langen Entwicklung in Wissenschaft und Rechtsprechung herausgebildeten Begriff des Verwaltungsakts einzugehen[5].

---

[1] *Wolff* I, § 46 I (S. 261); vgl. auch § 25 MRVO 165.

[2] Otto *Mayer*, Deutsches Verwaltungsrecht, Bd. 1, S. 92/93.

[3] *Bettermann*, Das Verwaltungsverfahren: VVDStL Heft 17, 1959, S. 118 ff. (140) und ihm folgend *Spanner*, Urteilsanmerkung: DöV 63, S. 29 f.

[4] *Bachof*, Das Ende des deutschen Verwaltungsrechts?: DöV 58, S. 27—29.

[5] *Wolff* I, § 46 (S. 260 ff.); *Forsthoff*, Lehrbuch, § 11 (S. 180 ff.); zur Einwirkung des Verwaltungsprozeßrechts vgl. *Eyermann-Fröhler*, Verwaltungsgerichtsordnung, § 42 Rd.Nr. 14 ff.; *Bachof*, Verfassungsrecht, Verfahrensrecht, Verwaltungsrecht in der Rechtsprechung des Bundesverwaltungsgerichts, S. 240; *Wolff* I, § 46, Einleitung (S. 260).

§ 4. Der Leistungsbescheid als zusammengesetzter Verwaltungsakt 33

Es soll vielmehr untersucht werden, wie der Verwaltungsakt rechtlich einzuordnen ist und worin seine eigentümliche Wirkung besteht.

I. Der Verwaltungsakt als Institut des Verwaltungsrechts und des Verwaltungsverfahrensrechts

Die rechtliche Einordnung des Verwaltungsakts in das System des Verwaltungsrechts mit Einschluß des Verwaltungsprozeß- und Verwaltungsverfahrensrechts ist in Wissenschaft und Rechtsprechung noch immer nicht mit Einhelligkeit gelungen. Über diese Frage verlohnte es sich nicht nachzudenken, wenn man mit *Eyermann-Fröhler* jede Handlung, auch die tatsächliche, einer Verwaltungsbehörde als Verwaltungsakt bezeichnen wollte[6] — mit der Folge, daß dem Verwaltungsakt eine eigene rechtliche Bedeutung nicht mehr zukommt; es sei denn, man wollte sie alleine darin sehen, daß er Anknüpfungspunkt für den spezifisch verwaltungsgerichtlichen Rechtsschutz in den Formen der Anfechtungs- und Verpflichtungsklage ist. In Anbetracht der umfassenden Widerlegung, die diese Ansicht gefunden hat[7], erübrigt sich hier eine weitere Auseinandersetzung.

Abgesehen von dieser Meinung wird im übrigen dem Verwaltungsakt eine weitere Bedeutung zuerkannt als die, prozeßrechtlicher Anknüpfungspunkt zu sein. Nur ist gerade wieder in den letzten Jahren zweifelhaft geworden, worin diese Bedeutung liegt. Jahrzehntelang galt er als Institut des materiellen Verwaltungsrechts. Nunmehr ist unter dem Einfluß der Wiener Rechtsschule[8] von *Bettermann* vertreten worden[9], der Verwaltungsakt sei als „eine, wenn nicht die charakteristische Rechtsfigur des Gesetzesvollzuges" und als „das typische Mittel zur Konkretisierung und Individualisierung des abstrakt-generellen Geetzes" ein Institut des Verwaltungsverfahrens, denn der Gesetzesvollzug sei Verfahren. In dieser Ansicht bestärkte ihn die Rechtsprechung des 5. Senats des Bundesverwaltungsgerichts[10], nach der der Widerruf von Verwaltungsakten eine Frage des Verfahrensrechts und der Verwaltungsakt selbst verfahrensrechtlicher Natur sei. Diese Auffassung ist in der Wis-

---

[6] *Eyermann-Fröhler,* Verwaltungsgerichtsordnung, § 42 Rd.Nr. 15.
[7] *Wolff* I, § 46, Einleitung (S. 260); *Hegel,* Kann mit der Verpflichtungsklage auch die Verurteilung zur Vornahme einer sogenannten Amtshandlung begehrt werden?: JZ 63, S. 15 ff. (17); *Renck,* Verwaltungsakt und Gesetzesvorbehalt: JuS 65, S. 130; *Rupp,* Geltendmachung: DVBl. 63, S. 577 ff. (579).
[8] Vgl. insbes. *Merkl,* Verwaltungsrecht, S. 214/215.
[9] *Bettermann,* Das Verwaltungsverfahren: VVDStL Heft 17 (1959), S. 139/140.
[10] BVerwG U. 29. 6. 56 — V C 44/55 —: DVBl. 57, S. 391—393; BVerwG U. 15. 5. 57 — V C 171/56 —: DVBl. 57, S. 731.

senschaft abgelehnt worden. *Bachhof*[11] wandte sich gegen sie mit dem Argument, daß, wenn man der Auffassung *Bettermanns* und des Bundesverwaltungsgerichts folge, für das materielle Verwaltungsrecht kein Raum mehr sei. *Forsthoff*[12] hält die These *Bettermanns* schon deshalb für verfehlt, weil sie mit dem System des deutschen Rechts unvereinbar sei, das Rechte nicht im Verfahren gewähre, sondern durch materiell-rechtliche Ansprüche. Unter Hinweis auf diese kritischen Stimmen ist dann auch das Bundesverwaltungsgericht von seiner Rechtsprechung wieder abgerückt[13]. Zur Begründung gab es an, daß die Ansicht, Gesetzesanwendung sei Verfahren und der Verwaltungsakt selbst ein Institut des Verfahrensrechts, auf einer „ausdehnenden" Auslegung des Begriffes Verfahren beruhe. Dieser könne nicht gefolgt werden, da die Voraussetzungen, nach denen sich die Begründung, Aufhebung und Veränderung von Rechten beurteile, als Frage des materiellen Verwaltungsrechts anzusehen seien.

Tatsächlich kann die Frage, ob der Verwaltungsakt dem materiellen oder dem Verfahrensrecht zugeordnet werden soll, erst beantwortet werden, wenn geklärt ist, was unter „Verwaltungsverfahren" verstanden werden soll[14]. Sodann kommt es darauf an, unter welchem Gesichtspunkt man den Verwaltungsakt betrachten will: Man kann mit dem Begriff des Verwaltungsaktes die Gesamtheit der Handlungen und Vorgänge verbinden, die zu seiner Entstehung geführt haben. Von diesem Standpunkt aus wird man geneigt sein, den Verwaltungsakt dem Verfahrensrecht zuzuordnen. Sieht man in ihm lediglich das Endprodukt[15] der Tätigkeit der Verwaltungsbehörde, so wird man ihn eher dem materiellen Recht zurechnen. Versteht man mit *Wolff*[16] unter Verwaltungsverfahren die Tätigkeit einer Behörde, die auf die Prüfung der Voraussetzungen, die Vorbereitung und den Erlaß eines Verwaltungsakts oder auf den Abschluß eines öffentlich-rechtlichen Vertrages gerichtet ist, so steht der Verwaltungsakt am Ende des Verwaltungsverfahrens[17] und ist dessen materielles Ergebnis. Damit ist er jedoch keinesfalls völlig vom Verfahrensrecht gelöst. Der Verwaltungsakt hat eher eine Art Zwitterstellung

---

[11] *Bachof*, Das Ende des deutschen Verwaltungsrechts?: DöV 58, S. 27—29.
[12] *Forsthoff*, Diskussionsbeitrag: VVDStL Heft 17 (1959), S. 222.
[13] BVerwG U. 7. 12. 60 — V C 228/59 —: DVBl. 61, S. 380—382.
[14] Vgl. *Bettermann*, Das Verwaltungsverfahren: VVDStL Heft 17 (1959) S. 129 und im Anschluß an ihn *Spanner*, Empfiehlt es sich, den allgemeinen Teil des Verwaltungsrechts zu kodifizieren?: Verhandlungen des 43. Deutschen Juristentages, Bd. 1, 2. Teil, Heft A, S. 24.
[15] *Fellner*, Zur Regelung des Verwaltungsverfahrens in den Ländern: Verw.Arch. Bd. 48 (1957), S. 95 ff. (107/108).
[16] *Wolff* III, § 156 (S. 230); vgl. auch § 8 ME VwVerfG 63.
[17] ME VwVerfG 63, S. 72; F. *Becker*, Das allgemeine Verwaltungsverfahren in Theorie und Gesetzgebung, S. 176/177.

§ 4. Der Leistungsbescheid als zusammengesetzter Verwaltungsakt

zwischen materiellem Verwaltungs- und Verwaltungsverfahrensrecht. Während sich der Inhalt des Verwaltungsakts nach materiellem Recht richtet, ist der Vorgang seiner Entstehung nach Verfahrensrecht zu beurteilen[18]. Aus diesem Grunde behandelt der Musterentwurf eines Verwaltungsverfahrensgesetzes ihn auch als sog. „Annexe Materie"[19] und trifft über ihn Regelungen[20], die — z. B. hinsichtlich des Inhalts und der Begründung — durchaus als dem materiellen Verwaltungsrecht zugehörend anzusehen sind. Inwieweit nun der Verwaltungsakt dem Verfahrensrecht angehört und inwieweit dem materiellen Recht, läßt sich kaum abgrenzen. Selbst wenn man mit *Bettermann* den Verwaltungsakt dem Verfahrensrecht eingliedern wollte, lassen sich seine materiell-rechtlichen Wirkungen[21] nicht leugnen. Der Verwaltungsakt wird ja gerade wegen dieser Wirkungen erlassen und soll nicht nur eine verfahrensrechtliche Lage schaffen oder verändern. Gerade aber in den verfahrensrechtlichen Auswirkungen des Verwaltungsakts sind wiederum erhebliche materielle Wirkungen enthalten.

II. Die Komplexität des Leistungsbescheides

Die rechtliche Einordnung des Leistungsbescheides ist, da er Verwaltungsakt ist, wie die des Verwaltungsaktes vorzunehmen. Gleichwohl bedarf der Leistungsbescheid noch einer näheren Untersuchung. Wenn gesagt wurde, der Leistungsbescheid sei ein Verwaltungsakt, durch den eine Behörde von einer Zivilperson eine Leistung anfordert, so ist dies nicht deutlich genug.

In der Praxis der Verwaltungsbehörden wird mit Leistungsbescheid oft ein ganzes Bündel behördlicher Willenserklärungen bezeichnet, die letzten Endes alle darauf abzielen, von dem Adressaten eine Leistung zu erlangen. Die Komplexität des Leistungsbescheides erklärt sich daraus, daß der Forderung einer Verwaltungsbehörde häufig früher ergangene Willenserklärungen der Verwaltung entgegenstehen. Sie werden zugleich mit dem eigentlichen Leistungsbescheid widerrufen, so daß mit diesem oftmals ein völliger oder teilweiser Widerruf oder eine völlige oder teilweise Rücknahme eines Verwaltungsaktes verbunden ist[22], der meistens für den Adressaten des Leistungsbescheides günstig war, weil er ihm eine

---

[18] *Wolff* I, § 46, Einleitung (S. 260); *Wolff* III, § 156 (S. 231).
[19] ME VwVerfG 63, S. 72.
[20] ME VwVerfG 63, § 27 ff.
[21] Es handelt sich dabei um das, was *Menger*, System, S. 103, als materiellen Verwaltungsakt bezeichnet.
[22] *Haueisen*, Rücknahme oder Widerruf von Verwaltungsakten als Voraussetzung von Rückforderungsansprüchen der Verwaltung: Die Ortskrankenkasse, 1958, S. 421.

Leistung gewährte. Insofern ist mit dem Leistungsbescheid eine Widerrufs- oder Rücknahmewirkung verbunden. Ehe aber überhaupt an eine Rückforderung oder Inanspruchnahme gedacht werden kann, muß die Höhe der Leistung ermittelt und festgesetzt werden, denn häufig wird — z. B. bei der Rückforderung zu viel gezahlter Bezüge — die Höhe des Rückforderungsbetrages sich mit der tatsächlichen Überzahlung nicht decken[23]. Im Leistungsbescheid ist dann eine die noch zu leistende Schuld regelnde Feststellung enthalten. Schließlich ist der Befehl oder die Anordnung, entsprechend der festgestellten Zahlungspflicht zu leisten, Bestandteil des Leistungsbescheides.

Angesichts der Komplexität der Funktionen dessen, was in der Praxis häufig unter der Bezeichnung Leistungsbescheid zusammengefaßt wird, tritt die Frage auf, welche der genannten Funktionen das Wesen des Leistungsbescheides ausmachen. In § 3 Abs. 2 Ziff. 1 VwVG und den Verwaltungsvollstreckungsgesetzen der Länder[24] wird als Voraussetzung der Vollstreckung der „Leistungsbescheid, durch den der Schuldner zur Leistung aufgefordert worden ist", genannt. Danach wäre unter Leistungsbescheid nur der Teil des komplexen Gebildes zu verstehen, den wir im vorhergehenden mit Befehl oder Anordnung bezeichnet haben. Es besteht aber kein Anlaß, in den genannten Bestimmungen eine gesetzliche Definition des Leistungsbescheides zu sehen, da ganz offensichtlich der Begriff des Leistungsbescheides vorausgesetzt wird. Zum Begriff des Leistungsbescheides muß vielmehr auch die Feststellungsfunktion gerechnet werden, denn der Adressat muß wissen, welche konkrete Leistung und in welcher Höhe er nach dem Leistungsbefehl sie zu erbringen hat. Dies gilt vor allem dort, wo ein Anspruch durch Aufrechnung, Teilerlaß oder Entreicherung nur noch teilweise geltend gemacht werden kann. Daher kann man als die Hauptbestandteile des Leistungsbescheides die Feststellung der tatsächlich zu erbringenden Leistung und die Aufforderung, der Feststellung entsprechend die Leistung zu erbringen, ansehen. Demgegenüber betreffen die in einem Leistungsbescheid in der Praxis der Verwaltung häufig ausgesprochene Rücknahme oder Widerrufung eines zuvor ergangenen günstigen Verwaltungsakts und die Feststellung einer Zuvielzahlung, einer zu Unrecht erfolgten Zahlung oder Feststellungen hinsichtlich eines Verschuldens oder Schadens — z. B. bei Schadensersatzansprüchen des öffentlichen Dienstrechts — nur ein Vorstadium des eigentlichen Leistungsbescheides.

Unter Leistungsbescheid im Sinne dieser Untersuchung ist daher ein Verwaltungsakt zu verstehen, der häufig aus zwei Verwaltungsakten zu-

---

[23] Dies ist etwa Folge einer zu berücksichtigenden Entreicherung, eines teilweisen Erlasses oder einer Teilaufrechnung.
[24] Vgl. z. B. § 6 Abs. 1 Ziff. 1 VwVG NW; §§ 18, 23 BayVwZVG.

§ 4. Der Leistungsbescheid als zusammengesetzter Verwaltungsakt

sammengesetzt ist, einem den Anspruch und die Zahlungspflicht feststellenden und einem zur entsprechenden Leistung auffordernden. Der Leistungsbescheid ist daher in der Regel feststellender Verwaltungsakt und Verfügung zugleich[25].

B. Der Leistungsbescheid als hoheitliche Handlung

Der Leistungsbescheid ist wie jeder Verwaltungsakt eine Maßnahme auf dem Gebiete des Verwaltungsrechts und ergeht rechtmäßig nur auf Grund hoheitlicher Zuständigkeit[26]. Die Hoheitlichkeit des Verwaltungsakts wird jedoch vielfach nicht genügend gewürdigt. Zwar ist der Verwaltungsakt seit seiner „Entdeckung"[27] durch Otto *Mayer* im Mittelpunkt des verwaltungsrechtlichen Denkens geblieben, aber im wesentlichen wurde ihm, wenn man von Otto *Mayer* selbst absieht[28], kein eigener Wert beigemessen. So war der Verwaltungsakt als Anknüpfungspunkt für eine Systematisierung des Verwaltungsrechts willkommen und soll er auch heute noch eine methodologische und heuristische Funktion haben, wobei seine Ausprägung durch den Zweck seiner Verwendung bestimmt sein soll[29]. Diese Auffassung vom Verwaltungsakt mußte zwangsläufig dazu führen, ihn als „Zweckschöpfung"[30] anzusehen und ihn, von eigenem Wert entkleidet, zum Anknüpfungsmerkmal dafür zu machen, welche Klageart im verwaltungsgerichtlichen Prozeß zu wählen ist. Allenfalls wird ihm noch die Eigenschaft zugebilligt, Instrument für die Verwirklichung des Willens der Verwaltungsbehörde zu sein. Als „Hausgut"[31] der Verwaltung soll er das „typische Mittel zur Konkretisierung und Individualisierung des abstrakt-generellen Gesetzes"[32], jedenfalls ein besonderes Machtmittel, eine „scharfe Waffe in der Hand der Verwaltung"[33] sein. Alle diese mehr oder weniger anschaulichen Charakterisierungen des Verwaltungsakts — so wenig sie im Einzelfall sagen mögen — lassen die Grundtendenz erkennen: Der Verwaltungsakt ist lediglich ein Mittel,

---

[25] *Wolff* I, § 47, I, a und e (S. 272).

[26] *Wolff* I, § 46, III (S. 263).

[27] *Werner*, Empfiehlt es sich, den allgemeinen Teil des Verwaltungsrechts zu kodifizieren?, in: Verhandlungen des 43. Deutschen Juristentages, Bd. 1, 2. Teil (Heft B), S. 31.

[28] Otto *Mayer*, Deutsches Verwaltungsrecht, S. 95, der außerhalb des Vorbehaltsbereichs ergangenen Verwaltungsakten die Eigenschaft zuerkennt, daß sie aus sich selbst „rechtlich bestimmend wirken".

[29] *Forsthoff*, Lehrbuch, § 11, 1 (S. 181).

[30] BVerwG U. 3. 5. 56 — I C 89/55 —: BVerwGE Bd. 3, S. 258 ff. (S. 262).

[31] OVG Münster U. 19. 7. 62 — I A 672/61 —: DVBl. 63, S. 187.

[32] *Bettermann*, Das Verwaltungsverfahren: VVDStL Heft 17 (1959), S. 140.

[33] *Haueisen*, Die Einbeziehung Dritter in öffentlich-rechtliche Unterordnungsverhältnisse: DVBl. 62, S. 552; *Dietlein*, Urteilsanmerkung: DVBl. 64, S. 923, spricht von dem „scharfen Schwert des Verwaltungsakts".

eine Form verwaltungsmäßigen Handelns, dem kein eigener Wert zukommt. Er ist — so gesehen — nur eine Hülle[34]; seinen Wert erhält er allein durch die in ihm enthaltene materielle Aussage, Regelung oder Maßnahme, also durch seinen Inhalt. Von dieser Auffassung her könnte tatsächlich die Verwendung des Begriffes Verwaltungsakt mangels Einheitlichkeit seines materiellen Inhalts mit *Rupp*[35] in Frage gestellt werden. In Anbetracht dieser Tendenz ist es notwendig, sich darauf zu besinnen, daß der Verwaltungsakt Hoheitsakt ist, und welche Bedeutung diese Eigenschaft für den Wert des Verwaltungsakts hat.

I. Die Einseitigkeit des hoheitlichen Handelns

Als ein Wesensmerkmal des hoheitlichen Handelns wird allgemein[36] dessen Einseitigkeit hervorgehoben, durch die es autoritativ in Erscheinung tritt. Während im bürgerlichen Recht fremde Einwirkung auf den Bestand, das Wesen und die Entstehung eines Rechts oder einer Rechtsposition regelmäßig eine Vereinbarung des Rechtsinhabers mit dem Einwirkenden voraussetzt, bedeutet die Einseitigkeit des hoheitlichen Handelns, daß eine solche Vereinbarung nicht erforderlich ist; denn Einseitigkeit besteht gerade darin, daß der so Handelnde von sich aus und ohne Mitwirkung des von seiner Handlung Betroffenen handeln kann. Charakteristisch für die Einseitigkeit ist der Befehl und nicht die Willensübereinstimmung. So spricht man von Gesetzesbefehl, Urteilsbefehl, Befehl einer Verordnung und Verwaltungsbefehl[37]. Der rechtliche Grund für die Befähigung zu einseitigem Handeln liegt in der Überordnung der mit öffentlicher Gewalt ausgestatteten Subjekte hoheitlicher Verwaltung über die Zivilperson. Da begrifflich öffentliche Gewalt nur einem Subjekt hoheitlicher Verwaltung zustehen kann, ist es undenkbar, daß jemand, der nicht Subjekt hoheitlicher Verwaltung ist, hoheitlich handeln könnte. Wenn also ein Subjekt hoheitlicher Verwaltung gegenüber einem Nichtinhaber öffentlicher Gewalt hoheitlich tätig wird, so kann diese Handlung immer nur einseitig sein[38]. Hoheitlichkeit und Einseitigkeit des Handelns der Organe hoheitlicher Verwaltung gegenüber dem Bürger

---

[34] Vgl. *Rupp*, Verwaltungsakt und Vertragsakt: DVBl. 59, S. 81.
[35] *Rupp*, Verwaltungsakt und Vertragsakt: DVBl. 59, S. 81.
[36] *Wolff* I, § 44, Einleitung (S. 247); *Stern*, Zur Grundlegung: Verw.Arch. Bd. 49 (1958), S. 106 ff. (107/144); *Bullinger*, Vertrag und Verwaltungsakt, S. 34.
[37] *Laband*, Das Staatsrecht des Deutschen Reiches, Bd. 2, S. 379 stellt z. B. die Gemeinsamkeiten von Urteils- und Verwaltungsbefehl dem Gesetzesbefehl gegenüber.
[38] Dies gilt auch bei den sog. mitwirkungsbedürftigen Verwaltungsakten; auch hier ist der eigentlich hoheitliche Ausspruch (z. B. die Ernennung des Beamten) notwendig einseitig; vgl. *Wolff* I, § 48, IV (S. 284); *Eyermann-Fröhler*, Verwaltungsgerichtsordnung, § 40 Rd.Nr. 9 am Ende.

lassen sich also nicht trennen[39]. Die Einseitigkeit des Verwaltungsakts kommt beim Leistungsbescheid deutlich zum Ausdruck. Sie liegt in dem Befehl, eine Leistung zu erbringen, und in der Feststellung von Inhalt und Umfang der Leistung allein durch die Verwaltungsbehörde.

II. Die Verbindlichkeit des hoheitlichen Handelns

Der einseitig gegebene Befehl wäre wirkungslos, wenn es dem Adressaten überlassen bliebe, ob er ihn befolgen will oder nicht. Daher muß mit der Einseitigkeit zugleich die Verbindlichkeit gegeben sein. Sie bewirkt, daß der Adressat des hoheitlichen Ausspruches diesen befolgen muß, um Sanktionen — seien es Zwangsmaßnahmen oder Strafen — zu vermeiden. Die Verbindlichkeit ist nicht allen hoheitlichen Handlungen in gleichem Maße gegeben, denn aus dem System der Rechtskontrollen folgt eine Abstufung der Verbindlichkeit hinsichtlich ihrer Intensität wie ihres zeitlichen Eintritts. Je stärkeren Kontrollen eine hoheitliche Handlung unterworfen ist, um so geringer ist ihre Verbindlichkeit. Erst wenn eine Kontrolle nicht oder nicht mehr möglich ist, ist die Verbindlichkeit des Hoheitsakts endgültig. Beim Verwaltungsakt kann man im allgemeinen potentielle[40] und endgültige Verbindlichkeit (Letztverbindlichkeit) unterscheiden. Solange ein Verwaltungsakt mit einem Rechtsmittel angreifbar ist, ist er potentiell verbindlich, d. h. vorbehaltlich richterlicher Überprüfung und Billigung[41]. Nach ungenutztem Ablauf der Rechtsmittelfrist oder nach gerichtlicher Anerkennung wird er dann endgültig verbindlich. Durch die Rechtsmittel ist dem Adressaten eines Verwaltungsakts zwar die Möglichkeit gegeben, den Eintritt der Verbindlichkeit des Verwaltungsakts hinauszuzögern. Er ist aber niemals in der Lage, von sich aus die Verbindlichkeit zu beseitigen; denn die Wirkung der Verbindlichkeit wird von der Annahme getragen, daß die auf Grund öffentlicher Gewalt ergehenden Handlungen bis zur Widerlegung ihrer Rechtmäßigkeit grundsätzlich die Vermutung der Gültigkeit für sich haben[42]. Daraus folgt, daß es für die Frage der Verbindlichkeit auch nicht auf den Inhalt und den Gegenstand des Verwaltungsakts ankommen

---

[39] Wenn auch immer wieder von einseitig, hoheitlichem Handeln gesprochen wird, so liegt darin ein Pleonasmus: vgl. *Forsthoff*, Lehrbuch, § 11, 1 (S. 183); *Bullinger*, Vertrag und Verwaltungsakt, S. 43; OVG Münster U. 21. 6. 60 — VII A 1138/58 — DöV 60, S. 798 ff. (798/799).
[40] Zur Terminologie *Wolff* I, § 40, IV, c (S. 217).
[41] *Wolff* I, § 46, V, a (S. 226); ausführlich zur bindenden Wirkung von Verwaltungsakten: *Haueisen*, Der Verwaltungsakt im Lichte neuerer Überlegungen: DöV 61, S. 121 ff. (124); *Rupp*, Der Schadensersatz- und Regreßanspruch: DVBl. 63, S. 577 ff. (579).
[42] *Wolff* I, § 50, I, a (S. 288); *Forsthoff*, Lehrbuch, § 12, 1 (S. 206); *Flume*, Steuerwesen und Rechtsordnung: Festschrift für Smend, S. 59 ff. (80); Otto *Mayer*, Deutsches Verwaltungsrecht, Bd. 1, S. 92/93.

kann. Bis zur Grenze der Nichtigkeit[43] ist der Verwaltungsakt mit Verbindlichkeit ausgestattet und muß beachtet werden. Er ist also keineswegs nur „Hülle", wie *Rupp*[44] meint, sondern entfaltet kraft seiner Hoheitlichkeit durch seine Verbindlichkeit eine eigene Wirkung. Der Verwaltungsakt hat einen eigenen Rechtswert[45].

§ 5. Leistungsbescheid, Rechtsverhältnis und Rechtsnorm

Der Eigenwert des Verwaltungsakts in seinen spezifischen Wirkungen wird besonders sinnfällig beim Leistungsbescheid. Um dies darzulegen, bedarf es allerdings einer Besinnung auf das Verhältnis zwischen Leistungsbescheid, Rechtsverhältnis und Rechtsnorm.

A. Rechtsnorm und Rechtsverhältnis

Alle Pflichten und Rechte können nicht ohne Subjekt gedacht werden[1]; sie gibt es nicht an sich, sondern nur als Beziehung eines Subjekts (Pflicht- oder Rechtssubjekt)[2] zu einem anderen Subjekt. Soweit solche Beziehungen rechtlich anerkannt sind, sind sie rechtlicher Natur, also Rechtsbeziehungen und werden Rechtsverhältnis genannt[3].

I. Das Rechtsverhältnis i. w. S.

In der Regel erzeugt jede Rechtsnorm für den Normadressaten, d. h. jeden der Norm Unterworfenen, die Pflicht, diese Norm zu befolgen. Diese Pflicht ist nicht ohne weiteres identisch mit der, den materiellen Inhalt der normativen Pflichten zu erfüllen, also normgemäß gegenüber demjenigen zu handeln oder sich zu verhalten, dem gegenüber die normierte Pflicht besteht; sondern sie ist darin zu sehen, daß der Normunterworfene dem Normgeber — d. h. dem Staat bzw. der autonomen Körperschaft des öffentlichen Rechts, die die Normsetzung vornimmt — als dem Rechtsordnungssubjekt[4] gegenüber die Norm zu befolgen hat. Andern-

---

[43] Zur Nichtigkeit von Verwaltungsakten vgl. *Wolff* I, § 51, I, b (S. 295) und III (S. 297).
[44] *Rupp*, Verwaltungsakt und Vertragsakt: DVBl. 59, S. 81.
[45] *Renck*, Verwaltungsakt und Gesetzesvorbehalt: JuS 65, S. 129 ff. (132); *Haueisen*, Der Verwaltungsakt im Lichte neuerer Überlegungen: DöV 61, S. 121 ff. (124/125).
[1] Zur Subjektlosigkeit von Pflichten und Rechten im rechtstechnischen Sinne vgl. *Wolff* I, § 40, VI (S. 218).
[2] *Nawiasky*, Allgemeine Rechtslehre, S. 244; *Menger*, System, S. 233 ff. (235).
[3] *Wolff* I, § 40, I (S. 213/214); *Menger*, System, S. 233/234 (235); G. *Jellinek*, System, S. 41.
[4] *Nawiasky*, Allgemeine Staatslehre, 1. Teil, § 10, 3 (S. 151).

§ 5. Leistungsbescheid, Rechtsverhältnis und Rechtsnorm   41

falls ist dieser berechtigt, mit Sanktionen vorzugehen, um die Normbefolgung zu erzwingen bzw. die Nichtbefolgung der Norm zu bestrafen. Diese Beziehung zwischen Normunterworfenem und Normgeber kann als „Rechtsverhältnis i. w. S."[5] bezeichnet werden. In ihm besteht für den Normunterworfenen allein die Normbefolgungspflicht, die die durch die Norm konkretisierte allgemeine Gehorsamspflicht gegenüber den rechtmäßigen Willensäußerungen der Staatsgewalt ist. Typisches Beispiel für eine solche, aus dem Rechtsverhältnis i. w. S. folgende Pflicht ist die, die Strafgesetze zu beachten und einen Verstoß gegen sie zu unterlassen[6], denn die strafrechtlichen Normen verlangen Geltung und Befolgung an sich, und die Pflicht zu ihrer Befolgung besteht nur gegenüber dem Staat als Rechtsordnungssubjekt. Ähnlich ist es mit den Polizei- und Ordnungspflichten: Der Bauwillige z. B. hat die Vorschriften des Baurechts nicht zu beachten, weil er der Ordnungs- und Baubehörde gegenüber verpflichtet wäre, sondern weil es so der Rechtsnorm entspricht. Die Normbefolgungspflicht kann vom Staat erzwungen werden; ihr korrespondiert also das Recht des Staates zur zwangsweisen Durchsetzung, das Vollstreckungsrecht. Die Erzwingung der Normbefolgung geschieht sowohl durch die Organe der Justiz[7] als auch der Verwaltung. Fällt die Erzwingung der Normbefolgung in die Zuständigkeit der Verwaltung, so wird ihre diesbezügliche Tätigkeit als Gesetzesvollzug bezeichnet; er geschieht durch Verwaltungsakt und dessen Durchsetzung im Wege des Verwaltungszwanges.

II. Das Rechtsverhältnis i. e. S.

Die Rechtsbeziehungen, die auf Grund einer Norm zwischen wenigstens zwei dieser Norm unterworfenen Rechtssubjekten bestehen, können als Rechtsverhältnis i. e. S. bezeichnet werden. Ein Rechtsverhältnis i. e. S. zwischen Verwaltung (d. h. Verwaltungsbehörden) und Bürger ist erst möglich geworden, seitdem anerkannt ist, daß die Verwaltung als Teil des Staates wie dieser selbst der staatlichen Rechtsordnung unterworfen ist[8]. Die verwaltungsrechtlichen Verpflichtungen und Berechtigungen zwischen der Verwaltung und dem Bürger ergeben sich jeweils aus einem Rechtsverhältnis im engeren Sinne, das auf einem Verwaltungsrechtssatz beruht. Sowohl die Verwaltung als auch der Bürger sind

---

[5] *Wolff*, Organschaft und Juristische Person, 1. Bd., S. 146; *Nawiasky*, Allgemeine Rechtslehre, S. 154, 237; neuerdings auch *Rupp*, Grundfragen, S. 15/16.
[6] *Nawiasky*, Allgemeine Rechtslehre, S. 154.
[7] *Stein*, Grenzen und Beziehungen zwischen Justiz und Verwaltung, S. 55/56 spricht von der Vollstreckung als einer „Justizsache".
[8] *Wolff*, Organschaft und Juristische Person, 1. Bd., S. 431; *Forsthoff*, Lehrbuch, § 10, 3 (S. 169).

zur Erfüllung dieser Verpflichtungen und Berechtigungen im Rechtsverhältnis i. w. S. gegenüber dem Rechtsordnungssubjekt Staat verpflichtet. Dieser kann bei beiden die Erfüllung auch zwangsweise durchsetzen, wenn die entsprechenden Voraussetzungen vorliegen[9]. Das Eigentümliche in den Beziehungen auf Grund des Rechtsverhältnisses i. e. S. zwischen Verwaltung und Bürger besteht darin, daß häufig der Verwaltung das Recht gegeben ist, die ihr gegenüber bestehenden Pflichten des Bürgers selbst durchzusetzen, daß also praktisch Berechtigung des Staates als Verwaltung und Berechtigung des Staates als Rechtsordnungssubjekt zusammenfallen. Trotzdem ist es nicht müßig, auch im Verwaltungsrecht die Unterscheidung zwischen Rechtsverhältnis i. e. S. und Rechtsverhältnis i. w. S. zu treffen, denn nur so können Rechte und Pflichten von Verwaltungsbehörden von Rechten der Verwaltung als Teil des Rechtsordnungssubjekts Staat unterschieden werden.

Aus dem Rechtsverhältnis i. e. S. zwischen Verwaltung und Bürger können sich nämlich einerseits materielle Rechte und Pflichten einer Verwaltungsbehörde wie eines Bürgers ergeben, andererseits eine Regelung ihrer Stellung zueinander, die es der Verwaltung etwa erlaubt, bestimmte Maßnahmen gegenüber dem Bürger zu ergreifen.

B. Leistungsbescheid und Verwaltungsrechtsverhältnis

I. Verwaltungsakt und Rechtsverhältnis

Zwischen Verwaltungsakt und Rechtsverhältnis sind zwei Beziehungen denkbar. Einmal kann der Verwaltungsakt auf einem Rechtsverhältnis beruhen, es zur rechtlichen Grundlage haben, zum anderen kann er ein Rechtsverhältnis hervorbringen[10].

Wenn auf Grund einer verwaltungsrechtlichen Norm eine Verpflichtung eines Bürgers besteht, so ist diese in der Regel abstrakt, keine Pflicht, sondern eine „Pflichtigkeit"[11]. Sie verlangt noch keine Erfüllung[12], bis der entsprechende Sachverhalt vorliegt und die abstrakte Pflichtigkeit dadurch zur konkreten Pflicht wird[13]. Der abstrakten Pflichtigkeit des Bürgers entspricht das Recht der Verwaltung, diese Verpflichtung zu

---

[9] Die Verwaltung kann durch Gerichtsurteil dazu angehalten werden oder im Aufsichtswege; der Bürger ebenfalls durch Gerichtsurteil, aber auch im Wege des Verwaltungszwanges.

[10] *Fenge*, Die verwaltungsgerichtliche Feststellungsklage bei drohenden Verwaltungsakten: DöV 56, S. 392 f. (393).

[11] W. *Jellinek*, Verwaltungsrecht, S. 193.

[12] *Laband*, Das Staatsrecht des Deutschen Reiches, Bd. 2, § 65, I, 2 (S. 192).

[13] *Wolff* I, § 40, IV, a (S. 217).

§ 5. Leistungsbescheid, Rechtsverhältnis und Rechtsnorm 43

konkretisieren und zu aktualisieren. Auch dieses Recht ist so lange abstrakt, bis die materiellen Voraussetzungen des staatlichen Handelns gegeben sind[14], was überwiegend durch die Setzung eines dem gesetzlichen Tatbestand entsprechenden Sachverhalts seitens des Bürgers geschieht. Auf Grund des nunmehr konkret gewordenen, auf der Norm beruhenden Grund-Rechtsverhältnisses kann dann die Verwaltung eine bestimmte materiell-rechtlich bedeutsame Handlung, in der Regel einen Verwaltungsakt, gegenüber dem Bürger erlassen. Dieser muß den Akt gegen sich gelten lassen, bis dessen Rechtswidrigkeit festgestellt ist. Aus dem Grund-Rechtsverhältnis, das dem zuvor erörterten Rechtsverhältnis i. e. S. entspricht, muß sich daher das Recht der Verwaltung zum Erlaß eines konkretisierenden Verwaltungsakts ergeben, wenn die Verwaltung einen solchen soll erlassen können.

Erläßt die Verwaltung, gestützt auf das Grundverhältnis bzw. Rechtsverhältnis i. e. S. einen rechtsgestaltenden Verwaltungsakt oder eine Verfügung[15], so wird wiederum ein Rechtsverhältnis begründet[16]. Dieses Rechtsverhältnis in einem engsten Sinne soll, da es auf der Tätigkeit der Verwaltung beruht, als Verwaltungsrechtsverhältnis[17] bezeichnet werden. In ihm wird die besondere Wirkungsweise des Verwaltungsakts deutlich. Im Verwaltungsrecht ergehen üblicherweise Verwaltungsakte, um eine durch eine Norm begründete abstrakte Pflichtigkeit in eine konkrete Pflicht umzuwandeln und diese zu aktualisieren[18]. Der Verwaltungsakt muß also normalerweise vorhanden sein, damit überhaupt eine konkrete Pflicht des einzelnen entsteht, sei es nun, daß er den Tatbestand einer Norm oder einen Teil davon verwirklicht und damit mittelbar die abstrakte Pflichtigkeit zur konkreten Pflicht werden läßt, oder sei es, daß er ein bestimmtes menschliches Verhalten fordert und durch den konkreten Befehl unmittelbar die konkrete Pflicht entsteht[19]. In dem auf die Hervorbringung von Rechten und Pflichten gerichteten rechtlich bedeutsamen Prozeß stellt der Verwaltungsakt — so gesehen — eine Art Relais-Station dar, durch die die Rechte und Pflichten nicht ihrem Wesen, aber ihrem Geltungsgrad nach verändert werden.

Die eigentümliche Wirkungsweise des befehlenden Verwaltungsakts, der Verfügung, zeigt sich darüber hinaus im Verwaltungsrechtsverhält-

---

[14] *Fenge*, Die verwaltungsgerichtliche Klage bei drohenden Verwaltungsakten: DöV 56, S. 392 f. (393).
[15] Terminologie nach *Wolff* I, § 47, I, a und b (S. 272).
[16] Vgl. *Volkmar*, Allgemeiner Rechtssatz und Einzelakt, S. 135 ff.
[17] *Giacometti*, Allgemeine Lehren, § 21 (S. 318 ff.); *Forsthoff*, Lehrbuch, § 10 (S. 162 ff.).
[18] *Haueisen*, Das Verhältnis von Norm und Verwaltungsakt und seine Bedeutung für Klage und Urteil: DVBl. 59, S. 793.
[19] *Volkmar*, Allgemeiner Rechtssatz und Einzelakt, S. 135 ff.

nis darin, daß die in ihm bestehenden Rechte und Pflichten auch durch den Verwaltungsakt selbst hervorgebracht sind, ohne daß es auf eine schon zuvor vorhandene normative Pflichtigkeit oder Pflicht ankommt. Wenn durch einen rechtsgestaltenden Verwaltungsakt etwa ein Beamtenverhältnis begründet wird, so ergeben sich die in diesem Rechtsverhältnis bestehenden Rechte und Pflichten des Beamten allein aus den Beamtengesetzen. Der Verwaltungsakt hat einen Tatbestand verwirklicht, an dessen Vorliegen die Beamtengesetze gewisse Rechte und Pflichten knüpfen. Diese sind für den zum Beamten ernannten Bürger damit konkrete Pflichten geworden. Richtet jedoch die Polizei- oder Ordnungsbehörde einen Befehl bestimmten Inhalts z. B. an einen Nichtstörer[20], so folgt die Pflicht des Nichtstörers, diesen Befehl zu befolgen, zwar ebenfalls aus dem Polizei- bzw. Ordnungsgesetz, das dem Befehl zugrunde liegt, aber die konkrete Pflicht, sich so oder anders zu verhalten, ergibt sich aus dem durch den Verwaltungsakt begründeten Rechtsverhältnis zwischen dem einzelnen und der Behörde[21]. Dies ist eine Folge der Verbindlichkeit des hoheitlichen Handelns durch Verwaltungsakt, die so lange besteht, bis dessen Rechtswidrigkeit erwiesen ist. Im Verwaltungsrechtsverhältnis zeigt sich daher die Eigenwirkung, der Eigenwert des Verwaltungsakts.

II. Leistungsbescheid und Verwaltungsrechtsverhältnis

Die unmittelbare und selbständige Begründung einer Pflicht des einzelnen im Verwaltungsrechtsverhältnis wird beim Leistungsbescheid besonders deutlich. Verlangt die Verwaltungsbehörde etwa von einer Zivilperson eine bestimmte Geldleistung, so trifft die letztere die Pflicht zur Leistung allein schon auf Grund des Verwaltungsakts. Wenn es z. B. in § 84 Abs. 1 LBG NW heißt: „Verletzt ein Beamter schuldhaft die ihm obliegende Dienstpflicht, so hat er dem Dienstherrn, ..., den daraus entstandenen Schaden zu ersetzen.", so liegt bei entsprechendem Sachverhalt eine konkrete, u. U. aktuelle Zahlungspflicht des Beamten vor. Ihn trifft also die Zahlungspflicht allein schon auf Grund des Gesetzes, und es ist kein Akt denkbar, der die Verpflichtung noch konkretisieren müßte, da sie bereits konkretisiert ist. Ergeht nunmehr durch einen Leistungsbescheid der Befehl, entsprechend der gesetzlich bereits bestehenden Pflicht zu zahlen, so wird durch diesen Verwaltungsakt infolge seiner Verbindlichkeit wiederum eine Zahlungspflicht begründet. Ähnlich ist es bei Steuern, die ohne Festsetzung zu entrichten sind und bei denen sich die Zahlungsschuld durch die Verwirklichung des gesetzlichen Tatbe-

---

[20] z. B. § 19 OBG NW.
[21] Ähnlich *Giacometti*, Allgemeine Lehren, § 21 (S. 318).

§ 6. Die immanente Eingriffswirkung des Leistungsbescheides   45

standes ohne weiteres ergibt (Nicht-Veranlagungssteuern). Ein die Steuer gleichwohl noch festsetzender Steuerbescheid begründet nochmals eine Zahlungsschuld[22].

Wie beide Fälle zeigen, entsteht also durch den Leistungsbescheid neben der konkreten gesetzlichen oder sonst normativen Pflicht eine weitere konkrete Pflicht gleichen Inhalts. Die Bedeutsamkeit dieser Erkenntnis wird augenfällig, wenn man den Fall annimmt, daß die Zahlung entsprechend der gesetzlichen Pflicht und der Erlaß eines Leistungsbescheides sich zeitlich überschneiden. Wenn der Adressat des Leistungsbescheides gegen diesen nichts unternimmt, weil er seine Zahlungspflicht als erledigt betrachtet, so könnte nochmals aus dem Leistungsbescheid Erfüllung verlangt werden, weil er eine neue Pflicht zur Zahlung begründet[23].

§ 6. Die immanente Eingriffswirkung des Leistungsbescheides

Die vorhergehenden Untersuchungen haben gezeigt, daß dem Leistungsbescheid ein eigener Rechtswert zukommt, weil er durch seine Verbindlichkeit allein von sich aus Pflichten der Zivilpersonen begründen kann ohne Rücksicht auf seine Rechtmäßigkeit bis zur Grenze der Nichtigkeit.

A. Der verbindliche Befehl als Eingriff

Man braucht keineswegs auf dem Boden der *Merkl-Kelsen*schen Stufentheorie[1] zu stehen, nach der das ganze staatliche Recht sich stufenweise von der Verfassung bis zum Einzelakt (Verwaltungsakt oder Urteil) in der Form der Rechtssetzung[2] vollziehen und damit sowohl dem Urteil als auch dem Verwaltungsakt als Rechtserzeugung auf unterster Stufe Rechtsnormqualität zukommen soll, um einen inneren Zusammenhang und eine — in der Wirkung freilich andere — Abhängigkeit zwischen Rechtsnorm und Verwaltungsakt zu sehen und von daher zu einer genaueren Kenntnis von Wesen und Wirkung des Verwaltungsakts in

---

[22] *Becker-Riewald-Koch*, Reichsabgabenordnung, S. 267 f. (268).
[23] Auf die Lösung dieses Problems kann hier nicht eingegangen werden. Es wird nur aufgeworfen, um zu zeigen, wie weit die Eigenwirkung des Verwaltungsakts, insbesondere des Leistungsbescheides geht: Allein wegen seiner Verbindlichkeit begründet er im Verwaltungsrechtsverhältnis eine eigene, neue Zahlungspflicht, die neben der konkreten gesetzlichen besteht.
[1] *Merkl*, Die Lehre von der Rechtskraft, S. 199 ff. (210, 213, 217, 219); *Merkl*, Allgemeines Verwaltungsrecht, S. 160 ff. (172); *Kelsen*, Allgemeine Staatslehre, S. 231 ff. (233/234, 236).
[2] Vor allem *Merkl*, Prolegomena einer Theorie des rechtlichen Stufenbaues: Festschrift für *Kelsen*, S. 252 ff. (272 ff., 282).

diesem Bezugsfeld zu kommen. Der Eingriffscharakter des Verwaltungsakts und seiner besonderen Art, des Leistungsbescheides, bleibt allerdings verdeckt, wenn man die Überlegungen zur Wirkungsweise des Verwaltungsakts mit der formelartigen Feststellung enden läßt, er sei als Bescheid, Verfügung usw. *das* Mittel und Instrument des Gesetzesvollzuges und seine Funktion erschöpfe sich darin[3]. Diese Aussage über das Verhältnis zwischen Norm und Verwaltungsakt ist sicherlich zutreffend, aber nicht vollständig.

I. Der Nachweis des Eingriffscharakters des Leistungsbescheides aus der strukturellen Beziehung zwischen Verwaltungsakt und Norm

Im allgemeinen regeln Verwaltungsrechtssätze Voraussetzungen und Inhalt von Verpflichtungen des einzelnen nur abstrakt, in der logischen Form der Rechtsregel[4]. So entstehen noch keine Pflichten, sondern erst Pflichtigkeiten, die zur Pflicht werden, wenn der Rechtssatz auf einen konkreten Fall angewandt wird. Durch einen solchen Rechtssatz wird also in die Eigensphäre des einzelnen noch nicht eingegriffen. Diese wird erst berührt, wenn die Pflicht durch einen Tatbestand oder einen Verwaltungsakt konkretisiert ist. Als Beispiel mag das Polizeirecht dienen: Wenn eine Störung der öffentlichen Sicherheit und Ordnung eingetreten ist, so ist der Störer ordnungspflichtig und muß die Störung beseitigen. Die Ordnungspflichtigkeit trifft jedermann, aber niemand ist durch sie belastet, weil sie nur abstrakt ist. Erst wenn die Störung eingetreten ist, wird die Ordnungspflichtigkeit für den, der für die Störung verantwortlich ist, zur Ordnungspflicht. Unter den — oft zahlreichen — Möglichkeiten, den ordnungswidrigen Zustand zu beseitigen, kann der Ordnungspflichtige von sich aus wählen. Die Pflicht zu einem *bestimmten* Verhalten trifft ihn aber erst, wenn es ihm durch Verwaltungsakt (ordnungsbehördliche Verfügung) vorgeschrieben worden ist. Der Eingriff in die Privatsphäre des einzelnen vollzieht sich also im Verwaltungsrecht üblicherweise in drei Stufen: Zuerst besteht nur eine allgemeine Pflichtigkeit, ihr folgt eine individuelle Pflicht[5]. So weit reicht die Wirkung

---

[3] Vgl. dazu oben § 4, A, Einleitung und I (S. 22 ff.); auch *Haueisen*, Das Verhältnis von Norm und Verwaltungsakt und seine Bedeutung für Klage und Urteil: DVBl. 59, S. 793 ff. sieht offensichtlich keinerlei strukturellen Zusammenhang zwischen Norm und Verwaltungsakt, wenn er die Aufgabe der Verwaltung dahin bestimmt, „die abstrakt generelle Regelung des Gesetzes durch Erlaß eines Verwaltungsakts ... in eine Regelung für den Einzelfall umzumünzen", und die Bedeutung des Verwaltungsakts in diesem Vorgang von den verwaltungsinternen Abläufen her zu erklären versucht.

[4] *Laband*, Das Staatsrecht des Deutschen Reiches, Bd. 2, § 65, I, 2 (S. 192).

[5] Vgl. *Wolff* I, § 40, IV (S. 217) und die ähnlichen Abstufungen, die hinsichtlich der Berechtigungen der Zivilpersonen nach *Wolff* I, § 43, II (S. 238—240) in Destination, Anwartschaft und volle Gewährleistung zu treffen sind.

§ 6. Die immanente Eingriffswirkung des Leistungsbescheides 47

des Rechtssatzes bzw. der Rechtsnorm, wenn ein dem Rechtssatz entsprechender Sachverhalt vorliegt. Die Pflicht zu einem bestimmten Verhalten folgt schließlich aus einem Verwaltungsakt. Dieser besitzt eine eigene Eingriffswirkung, weil ohne ihn eine Pflicht zu bestimmtem Verhalten nicht besteht und erst diese den Freiheitsraum des einzelnen beschränkt. Ähnlich ist es bei Veranlagungssteuern. Das Steuergesetz regelt abstrakt die Steuerpflichtigkeit. Durch sie ist keiner belastet. Mit Erfüllung des Steuertatbestandes tritt die Steuerschuld ein, und eine erste Belastung ist gegeben[6]. Wenn schließlich durch die Festsetzung der Steuer und die Aufforderung zur Zahlung — beides geschieht durch Leistungsbescheid — eine Steuerzahlungsschuld oder -pflicht entstanden ist, ist ein bestimmtes Verhalten vorgeschrieben; der Eingriff in die Freiheitssphäre liegt vor.

Aus beiden Beispielen folgt die Erkenntnis, daß im Regelfalle ein Verwaltungsrechtssatz der Ergänzung oder Ausfüllung durch einen Verwaltungsakt bedarf, damit die Pflicht des einzelnen bestimmt genug wird. Daraus ergibt sich andererseits wieder, daß der eigentliche Eingriff durch den Verwaltungsakt geschieht. Ein ganz anderes Bild bietet sich aber dort, wo der Verwaltungsrechtssatz zwar abstrakt eine Pflichtigkeit normiert, aber mit Verwirklichung des Tatbestandes auch die daran geknüpfte Pflicht zu einem konkret bestimmten Verhalten eintritt. Dies ist z. B. bei den Nicht-Veranlagungssteuern der Fall. Bei ihnen wird die Stufe der Entstehung der abstrakten Steuerschuld übergangen, und es entsteht zugleich mit der Steuerschuld die Steuerzahlungsschuld bzw. Steuerzahlungspflicht. Allein auf Grund der Norm ist der einzelne zu dem bestimmten Verhalten, diese oder jene Steuerpflicht durch Geldleistung zu erfüllen, verpflichtet. Ein Verwaltungsakt zur Ergänzung oder Ausfüllung des Steuerrechtssatzes ist nicht erforderlich. Die Pflicht ist durch die Norm so genau bestimmt, daß allein auf Grund der Norm der Eingriff in die Freiheits- und Eigentumssphäre des einzelnen gegeben ist. Ergeht gleichwohl ein Verwaltungsakt, der die Pflicht zur Zahlung wiederholt, so begründet er wegen seiner Verbindlichkeit im Verwaltungsrechtsverhältnis eine völlig selbständige Zahlungspflicht und greift damit ebenso selbständig ein weiteres Mal in die Rechtssphäre des einzelnen ein.

Nicht anders ist es bei den verwaltungsrechtlichen Normen, die einen Schadensersatz- oder Erstattungsanspruch begründen, oder in den Fällen, in denen eine inhaltlich bestimmte Pflicht vertraglich vereinbart ist. Man kann daher sagen, daß jeder Verwaltungsakt befehlenden Inhalts im Verhältnis zur Norm wegen seiner Verbindlichkeit eine selbständige Ein-

---

[6] *Becker-Riewald-Koch*, Reichsabgabenordnung, § 97, Anm. 1 b (S. 266).

griffswirkung, einen eigenen Eingriffswert[7] besitzt. Mithin ist die Einkleidung eines hoheitlichen Befehls in die Form des Verwaltungsakts mehr als bloße Handlungsform, nämlich zugleich Eingriff. Der befehlende oder anordnende Verwaltungsakt — besonders der Leistungsbescheid — hat also eine immanente Eingriffswirkung.

II. Bestätigung des gefundenen Ergebnisses durch die Gestaltung des verwaltungsgerichtlichen Anfechtungsprozesses

Erst die Betrachtung des Verwaltungsaktes in seiner strukturellen Beziehung zur Norm hat gezeigt, daß er eine immanente Eingriffswirkung hat. Die Richtigkeit dieser Erkenntnis wird durch die Gestaltung des verwaltungsgerichtlichen Anfechtungsprozesses bestätigt. Dieser ist in erster Linie auf die Aufhebung eines Verwaltungsakts gerichtet. Im Vordergrund steht also nicht — wie z. B. im Zivilprozeß — ein materiellrechtlicher Anspruch oder ein sonstiges Recht, sondern der Verwaltungsakt als behördliche Willenserklärung[8]. Diese hat seinen Grund darin, daß der Verwaltungsakt durch seine Verbindlichkeit eine ihm immanente, durch seine Existenz entstandene und fortbestehende beeinträchtigende Wirkung hat und zunächst beseitigt werden muß, wenn dem Recht des klagenden Bürgers wirksam zum Durchbruch verholfen werden soll[9]. Entsprechend werden auch die Anträge im Prozeß gestellt und der Prozeß beendet, indem bei Obsiegen des Klägers gemäß § 113 Abs. 4 VwGO der angefochtene Verwaltungsakt aufgehoben wird. Solange nämlich der Verwaltungsakt existiert, behält er seine — wenn auch potentielle — Verbindlichkeit und stellt eine gültige Regelung dar.

B. Einzeldarstellung der Eingriffswirkung des Leistungsbescheides

Abgesehen von der sich aus der strukturellen Beziehung zwischen Rechtsnorm und Verwaltungsakt ergebenden Erkenntnis über die Eingriffswirkung des Leistungsbescheides läßt sich diese in vielen Einzelheiten nachweisen, die ebenfalls auf die (potentielle) Letztverbindlichkeit des Leistungsbescheides zurückzuführen sind. Dabei muß über den Bereich der unmittelbaren Eingriffswirkung hinaus die vielfache, mittelbare Beeinträchtigung der Rechtssphäre des Adressaten eines Leistungsbescheides in Betracht gezogen werden.

---

[7] *Dietlein*, Urteilsanmerkung: DVBl. 64, S. 923 f. (924), der von einem „selbständigen Rechtswert" spricht; *Renck*, Verwaltungsakt und Gesetzesvorbehalt: JuS 65, S. 129 ff. (132); *Haueisen*, Der Verwaltungsakt im Lichte neuerer Überlegungen: DöV 61, S. 121 ff. (124/125).

[8] *Haueisen*, Der Verwaltungsakt im Lichte neuerer Überlegungen: DöV 61, S. 121 ff. (124).

[9] *Rupp*, Zur neuen Verwaltungsgerichtsordnung: Gelöste und ungelöste Probleme: AöR Bd. 85 (1960) S. 301 ff. (311).

§ 6. Die immanente Eingriffswirkung des Leistungsbescheides 49

I. Die allgemeine Abwehrlage des Adressaten eines Verwaltungsakts

Im öffentlichen wie im privaten Recht ist die Unterscheidung zwischen rechtsgeschäftlichen und regelnden Willenserklärungen[10] zu treffen; es handelt sich dabei um Arten von Rechtshandlungen, die allgemein dem Recht angehören und von der Aufteilung des Rechts in öffentliches und privates nicht betroffen werden. Gleichwohl sind — zumindest — die regelnden Willenserklärungen in ihren Wirkungen in beiden Rechtsgebieten nicht ohne weiteres gleichzustellen. Einseitig regelnde Willenserklärungen im Privatrecht haben nur ausnahmsweise verbindliche Kraft[11]. Voraussetzung dafür ist immer, daß die Befugnis zu einseitiger verbindlicher Regelung dem Berechtigten zuvor entweder vertraglich oder gesetzlich zugestanden ist. Demgegenüber ist es gerade die typische Wirkung der hoheitlichen Regelung, daß sie Verbindlichkeit per se hat. Denn der regelnde Verwaltungsakt ist ohne Rücksicht auf vorhergehende Anerkennung oder seine Rechtmäßigkeit zunächst einmal gültig und wirksam[12] mit der Folge, daß er von dem Adressaten zu beachten ist und im Wege des Verwaltungszwanges durchgesetzt werden kann, wenn er bestandskräftig geworden ist. Die Verbindlichkeit — und damit die Vollstreckbarkeit — des hoheitlichen Regelungsaktes wird gemäß § 80 VwGO erst aufgehoben, wenn der von ihm Betroffene die erforderlichen Rechtsmittel (Widerspruch bzw. Klage) erhebt[13].

Jedenfalls muß der von einer Verfügung oder einem belastenden Verwaltungsakt, also immer beim Leistungsbescheid, betroffene Bürger von sich aus tätig werden, um seine Wirksamkeit aufzuhalten oder abzuwenden. So wird er durch die Existenz des Verwaltungsakts mit seiner ihm eigentümlichen Wirkungsweise bereits in eine Abwehrlage gedrängt[14] und gezwungen, seine Freiheitssphäre zu verteidigen, indem er selbst aktiv zum Angriff gegen den Verwaltungsakt übergehen muß. Allein der Zwang, eine bestimmte Maßnahme zu ergreifen, eine bestimmte Handlung vorzunehmen, ist aber bereits als Eingriff in die durch Art. 2 Abs. 1 GG grundrechtlich geschützte umfassende Freiheit anzusehen. Von hier aus wird auch die Unhaltbarkeit der Meinung deutlich, eine Beeinträchtigung des Adressaten durch den Erlaß eines Verwal-

---

[10] *Wolff* I, § 36, II (S. 197) und § 45, II, b (S. 257/258).
[11] z. B. die Aneignung, weil jedermann verpflichtet ist, das neuentstandene Eigentum zu respektieren, oder die Anordnungen des Vaters gegenüber seinen Kindern; vgl. auch das Kündigungsrecht zur Herbeiführung der Fälligkeit.
[12] *Wolff* I, § 50, I, a (S. 288); *Haueisen*, Der Verwaltungsakt im Lichte neuerer Überlegungen: DöV 61, S. 121 ff. (124).
[13] In den Fällen des § 80 Abs. 2 VwGO vermag nicht einmal die Einlegung eines Rechtsmittels diese aufschiebende Wirkung herbeizuführen.
[14] *Salzwedel*, Die Grenzen der Zulässigkeit des öffentlich-rechtlichen Vertrages, S. 71.

tungsaktes selbst brauche nicht untersucht zu werden, denn es sei dem Betroffenen jedenfalls die Möglichkeit gegeben, sich im verwaltungsgerichtlichen Prozeß gegen den hoheitlichen Eingriff zu wehren[15]. Dieser Einwand verkennt, daß ein Eingriff gerade schon in der Drängung in die Notwendigkeit zu sehen ist, Rechtsmittel zu ergreifen. Zudem ist es ein gedanklicher Fehler, die Frage des Rechtsschutzes zu erörtern, wenn noch nicht untersucht ist, ob überhaupt ein Eingriff vorliegt. Mit dem Hinweis auf den möglichen Rechtsschutz wird die materielle Problematik umgangen. Erst wenn ein Eingriff festgestellt und eine Rechtsverletzung durch ihn möglich oder wirklich ist, kann die Frage des Rechtsschutzes von Bedeutung sein[16].

II. Die Klägerrolle des Adressaten im verwaltungsgerichtlichen Verfahren

Die Beeinträchtigung, ja Verschlechterung der Lage des Adressaten eines Verwaltungsaktes zeigt sich in seiner Stellung als Kläger mit den damit verbundenen Auswirkungen. Dazu sei vorweg darauf hingewiesen, daß die Beweislastverteilung weniger ungünstig ist als angenommen wird[17]. Trotz der Offizialmaxime (§ 86 VwGO) gelten zwar die Beweislastregeln, daß derjenige die Beweislast zu tragen hat, der ein Recht für sich in Anspruch nimmt[18]. Diese Frage ist aber nach materiellem Recht zu beantworten. Das hat zur Folge, daß der Bürger als Kläger im Anfechtungsprozeß nicht darzulegen und zu beweisen hat, daß die den Verwaltungsakt rechtfertigenden Tatsachen nicht vorlagen oder vorliegen. Die beklagte Verwaltung trifft vielmehr die Beweislast für die Tatsachen, die den Verwaltungsakt tragen sollen[19]. Deshalb kann in der verwaltungsprozessualen Beweislastregelung im Anfechtungsprozeß eine weitere Beeinträchtigung des Adressaten eines Leistungsbescheides nicht gesehen werden[20].

---

[15] Vgl. BVerwG U. 27. 5. 64 — VIII C 316/63 —: DVBl. 65, S. 329 f. (330); *Achterberg*, Urteilsanmerkung: DVBl. 66, S. 152 f. (153).

[16] *Wacke*, Vollstreckbare „Leistungsbescheide" in: DöV 66, S. 311—317; vgl. auch *Langrod*, Probleme des allgemeinen Verwaltungsverfahrens: DVBl. 61, S. 305 ff., der überzeugend die Nachteile nachträglich gewährten Rechtsschutzes darlegt.

[17] *Scheerbarth*, Verwaltungszwang im Beamtenrecht: ZBR 63, S. 169 f. (170).

[18] *Wolff* III, § 171, VII, 6 (S. 392); BVerwG U. 25. 3. 64 — VI C 150/62 —: BVerwGE Bd. 18, S. 168 ff. (170/171).

[19] *Wolff* III, § 171, VII, 6 (S. 392); *Eyermann-Fröhler*, Verwaltungsgerichtsordnung, § 86 Rd.Nr. 5 (insbes. Rd.Nr. 6); *Redeker-v. Oertzen*, Verwaltungsgerichtsordnung, § 108 Rd.Nr. 10 ff. (insbes. 13); *Hoffmann*, Die Beweislast im Verwaltungsprozeß: DVBl. 57, S. 603 ff. (606).

[20] Anders ist allerdings die Beweislastregelung bei der Verpflichtungsklage. Hier trägt die eine höhere Leistung begehrende Zivilperson die Beweislast für die den weitergehenden Anspruch begründenden Tatsachen (*Wolff* III, § 171, VII, 6, S. 392).

Anders ist allerdings die Stellung des Klägers hinsichtlich des Kostenrisikos zu bewerten. So hat er schon allein, um sich der Rechtsmittel zur Verteidigung seiner Rechtsposition zu bedienen, die oft erheblichen Verfahrenskosten wenigstens zum Teil vorzuschießen, §§ 189 VwGO i. V. m. 111 GKG. Üblicherweise erhöhen sich die finanziellen Aufwendungen des Klägers weiter durch die Hinzuziehung eines Anwalts, dem ebenfalls häufig nicht unbeträchtliche Vorschüsse auf seine Honorarforderung zu leisten sind, § 17 BRAGO. Es bedarf keines weiteren Hinweises darauf, daß durch derartige finanzielle Aufwendungen zur Rechtsverteidigung die wirtschaftliche Lage des Klägers oft empfindlich berührt wird. Gerade der Gedanke an das Kostenrisiko und die sonstigen Unannehmlichkeiten, die die gerichtliche Verfolgung eines Rechts mit sich bringt, wird häufig dem einzelnen die Entscheidung, ob er klagen soll, schwer machen, wenn ihn nicht die Scheu vor all diesen Risiken überhaupt von der Klageerhebung abhält. Zu Recht hat daher der 4. Senat des Bundesverwaltungsgerichts eine Einschränkung der Freiheitssphäre darin gesehen, daß „der Bürger als Kläger auftreten" muß, um „gegen einen belastenden Verwaltungsakt anzukämpfen"[21]. Schließlich darf nicht übersehen werden, daß der Adressat eines Verwaltungsakts alle Entscheidungen unter dem Druck der kurzen Rechtsmittelfristen treffen muß, deren ungenutztes Verstreichen die Perfektion des hoheitlichen Eingriffs bedeuten würde.

§ 7. Zusammenfassung und Folgerungen

Der Leistungsbescheid hat als Verwaltungsakt einen eigenen Rechtswert. Dieser beruht auf der potentiellen Letztverbindlichkeit und Einseitigkeit, mit der er ausgestattet ist. Als befehlender Verwaltungsakt regelt der Leistungsbescheid menschliches Verhalten, indem er den Adressaten zur Erbringung einer bestimmten Geldleistung verpflichtet. Der Leistungsbescheid hat eine immanente Eingriffswirkung, da er in die Freiheits- und — häufig auch — Eigentumssphäre des von ihm Betroffenen eingreift. Die Eingriffswirkung des Leistungsbescheides zeigt sich am deutlichsten dort, wo er trotz des Bestehens einer bestimmten, konkreten gesetzlichen Leistungspflicht ergeht. In diesen Fällen bringt er kraft seiner Verbindlichkeit eine eigene weitere Zahlungspflicht hervor, die neben der gesetzlichen besteht. Dies folgt aus der Struktur der Beziehungen zwischen Rechtsnorm und Verwaltungsakt im Prozeß der Rechtsverwirklichung. Die immanente Eingriffswirkung des Leistungsbescheides folgt weiterhin daraus, daß der Adressat allein durch die Existenz des Leistungsbescheides in eine Abwehrlage gedrängt und ihm die Klägerrolle aufgezwungen wird, wenn er seine Rechte wahren will.

---

[21] BVerwG U. 18. 3. 64 — IV C 140/63 —: DVBl. 64, S. 924 f.

Der Leistungsbescheid kann daher nicht — dies gilt für alle belastenden Verwaltungsakte ebenso — als reine Handlungsform aufgefaßt und behandelt werden. Mit der Handlungsform „Leistungsbescheid" sind vielmehr umfangreiche und tiefgreifende materielle Auswirkungen verbunden, die zu einer Beeinträchtigung und Einschränkung der durch Art. 2 Abs. 1 GG geschützten Freiheitssphäre des einzelnen führen. Wegen der immanenten Eingriffswirkung darf daher ein Leistungsbescheid nur dort ergehen, wo der Verwaltung das Recht, einen Leistungsbescheid zu erlassen, eingeräumt ist, wenn sie dazu ermächtigt ist. Dies ist ein Ausfluß des Gesetzesvorbehalts.

Drittes Kapitel

Die rechts-strukturellen Grundlagen des einseitigen Handelns durch Befehl

Der Eigenwert des Leistungsbescheides und seine immanente Eingriffswirkung beruhen auf der Verbindlichkeit, die jedem Verwaltungsakt als Hoheitsakt gegeben ist. Es ist jedoch bereits dargelegt worden, daß die Hoheitlichkeit nicht nur in der Verbindlichkeit, sondern auch in der Einseitigkeit des Aktes besteht. Die Verbindlichkeit charakterisiert die Wirkungsweise, aus der Einseitigkeit ergibt sich die Art und Weise des hoheitlichen Handelns. Es wurde schon dargelegt, daß für die Einseitigkeit der Befehl bestimmend ist[1]. Befehlendes Verhalten setzt eine Abhängigkeit des zum Gehorsam Verpflichteten von dem Befehlenden voraus[2]. Daraus folgt, daß das hoheitliche Handeln durch Leistungsbescheid immer eine Abhängigkeit zwischen der befehlenden Verwaltungsbehörde und dem Adressaten voraussetzt, also ein Rechtsverhältnis, das strukturell auf eine Über-/Unterordnung ausgerichtet ist.

§ 8. Forderungs- und Gewaltverhältnis

In einem Rechtsverhältnis können Rechte und Pflichten der von ihm erfaßten Rechtssubjekte in unterschiedlicher Weise dargestellt sein. Aus dem Verhältnis der Rechte und Pflichten zueinander, ihrem Inhalt und Umfang und ihrer Bezogenheit zu den an dem Rechtsverhältnis Beteiligten ergibt sich die jeweilige Natur des Rechtsverhältnisses und die Stellung der in ihm Befindlichen. Die Grundstruktur eines Rechtsverhältnisses sieht so aus, daß der Pflicht des Verpflichteten ein Recht des Berechtigten korrespondiert. In der Rechtswirklichkeit wird diese Grundstruktur vielfach abgewandelt und bald auf der Seite der Rechte, bald auf der Seite der Pflichten erweitert.

Eine Aufteilung der Rechtsverhältnisse nach der Quantität der in ihm enthaltenen Rechte und Pflichten allein wäre nur oberflächlich, weil sie die wirkliche Stellung der an dem Rechtsverhältnis Beteiligten nicht erkennen ließe. Diese ergibt sich erst aus dem Umfang der Macht, die der

---
[1] Vgl. § 4, B, I.
[2] *Bettermann*, Verwaltungsakt und Rechtsprechungsakt: Gedächtnisschrift für W. Jellinek, S. 361 ff. (377); *Schnorr*, Handeln auf Befehl: JuS 63, S. 293.

eine über den anderen auf Grund seiner Berechtigung auszuüben vermag. Je weiter die Möglichkeit des jeweils Berechtigten geht, ein bestimmtes Verhalten des Verpflichteten zu verlangen und zu erzwingen (entweder im Wege der Selbsthilfe oder mit Hilfe des Staates), um so stärker ist seine Stellung in dem Rechtsverhältnis.

Am geringsten ist die Macht des Berechtigten, wenn ihm ein Anspruch zusteht, der sich nur gegen eine Person richtet und in einer einzelnen Machtbefugnis[3] besteht; denn in einem solchen Falle steht einem bestimmten Recht eine bestimmte Pflicht gegenüber, die beide inhaltlich durch eine Norm oder auf Grund einer Norm durch eine Vereinbarung fest umrissen sind. In einem derartigen Anspruchs- oder Forderungsverhältnis ist der Wille des Berechtigten daher auf das ihm zukommende, seinem Inhalt und Umfange nach von vornherein eindeutig umschriebene Recht beschränkt. Er kann kein anderes Verhalten des Verpflichteten mit rechtlicher Wirkung fordern, als es der bereits durch die Norm oder die Vereinbarung inhaltlich festgelegten Pflicht entspricht. Rechte und Pflichten decken sich also in einem Forderungsverhältnis inhaltlich so vollkommen, daß das Recht des einen durch die Pflicht des anderen funktional bestimmt ist und umgekehrt. Die Beteiligten eines solchen Rechtsverhältnisses stehen auf gleicher Stufe und sind rechtlich nebengeordnet.

Nun sind neben diesen Forderungsverhältnissen auch Rechtsverhältnisse denkbar, in denen ein derartiges Gleichgewicht zwischen dem Berechtigten und dem Verpflichteten nicht besteht. Das ist dann der Fall, wenn dem Berechtigten ein umfassendes Recht dem Verpflichteten gegenüber zukommt, das ihn in die Lage versetzt, das Verhalten des Verpflichteten von sich aus inhaltlich zu bestimmen. In diesen Rechtsverhältnissen entspricht streng genommen dem Recht des Berechtigten auch nur eine Pflicht des Verpflichteten, nämlich die, dem Befehl des rechtlich Übergeordneten zu folgen. Diese Gehorsamspflicht besteht jedoch nur abstrakt, solange sie nicht mit einem konkreten Inhalt ausgefüllt ist. Sie gewinnt rechtliche Bedeutung erst, wenn ein Befehl bestimmten Inhalts ergeht. Der Berechtigte hat es allerdings in der Hand, die konkrete, inhaltlich bestimmte Gehorsamspflicht herbeizuführen. Er ist daher dem Verpflichteten dem Willen nach überlegen. Diese Überlegenheit ist um so stärker, je vielfältiger die Möglichkeiten sind, die Gehorsamspflicht inhaltlich zu bestimmen.

Bezeichnet man den rechtlich überwiegenden Willen als „Gewalt"[4], so kann man das beschriebene Rechtsverhältnis als Gewaltverhältnis bezeichnen.

---

[3] *Enneccerus-Nipperdey*, Allgemeiner Teil des Bürgerlichen Rechts, 2. Halbband, § 222, II, 1 (S. 1363).
[4] *Köhl*, Die besonderen Gewaltverhältnisse im öffentlichen Recht, S. 29 Fußnote 2.

§ 8. Forderungs- und Gewaltverhältnis

Nach *Nawiasky*[5] sind alle Rechtsverhältnisse von dem Dualismus „Forderungs- und Gewaltverhältnis" beherrscht. Dabei soll es sich allerdings nicht um einen kontradiktorischen, sondern um einen konträren Gegensatz handeln[6]. Seiner Ansicht nach sind die Übergänge zwischen beiden Arten von Rechtsverhältnissen graduell-quantitativ, aber nicht ohne weiteres qualitativ faßbar: Zwischen einfachstem Forderungsverhältnis und dem typischen Gewaltverhältnis besteht nach *Nawiasky* eine Reihe von Rechtsverhältnissen, die eine immer zunehmende Abhängigkeit des einen Teils vom Willen des anderen zeigen. Wenn die willensmäßige Überlegenheit des einen Teils quantitativ so stark angestiegen ist, daß von einer Abhängigkeit des willensmäßig unterlegenen Teils gesprochen werden kann, soll die Qualität des Rechtsverhältnisses in ein Gewaltverhältnis umschlagen.

Diese Sicht des Verhältnisses zwischen Forderungs- und Gewaltverhältnis hält der Kritik allerdings nicht stand. Wenn man nämlich die Hervorbringung der rechtlichen Bindung in beiden Arten von Rechtsverhältnissen näher untersucht, so zeigt sich ein grundlegender Unterschied zwischen Forderungs- und Gewaltverhältnis. Im letzteren besteht zwar auch — wie beim Forderungsverhältnis — von Anfang an ein Recht des Überlegenen und eine Pflicht des Unterlegenen, nämlich einmal das Recht zu befehlen und zum anderen die Pflicht, dem Befehl zu gehorchen. Diese Pflicht ist aber abstrakt und daher gewissermaßen null. Die Gehorsamspflicht verlangt noch kein bestimmtes Verhalten. Dieses ist erst möglich, wenn dem zum Gehorsam Verpflichteten bekannt ist, worauf sich seine Gehorsamspflicht beziehen soll, denn Gehorsam an sich ist inhaltslos[7].

Das Gewaltverhältnis zeichnet sich also dadurch aus, daß der Berechtigte von sich aus einseitig die Pflicht zu einem bestimmten Verhalten durch Konkretisierung der abstrakten Gehorsamspflicht mit einem eindeutigen Inhalt auslöst. Erst wenn die Gehorsamspflicht auf einen Inhalt bezogen ist, besteht also eine konkrete Rechtspflicht. Demgegenüber liegt bei einem Forderungsverhältnis — und sei es noch so kompliziert — mit der Begründung des Rechtsverhältnisses inhaltlich genau fest, welche Pflicht den Verpflichteten trifft und was das Recht des Berechtigten ist[8].

---

[5] *Nawiasky*, Das Forderungs- und Gewaltverhältnis: Festgabe für Zitelmann, S. 25 ff. (30 f.); *Nawiasky*, Allgemeine Rechtslehre, S. 245; *Nawiasky*, Diskussionsbeitrag: VVDStL Heft 15 (1957), S. 213.
[6] *Nawiasky*, ebenda.
[7] Wenn der Befehl ergeht: gehorche!, wird der Befehlsempfänger niemals wissen, wie er sich verhalten soll, wenn sich nicht wenigstens aus den Umständen ergibt, worauf sich sein Gehorsam beziehen soll.
[8] Bei den von *Nawiasky*, Allgemeine Rechtslehre, S. 245 f. angegebenen Rechtsverhältnissen handelt es sich um gemischte Rechtsverhältnisse (z. B. der Dienstvertrag), in denen Elemente des Forderungs- und des Gewaltverhältnisses vorkommen.

Aus dieser Erkenntnis folgt, daß sich eine klare Trennung zwischen Forderungs- und Gewaltverhältnis treffen läßt, ja, daß sie zu treffen ist; sie liegt dort, wo in einem Rechtsverhältnis der eine Beteiligte auch nur das geringste Recht hat, den Willen des anderen einseitig zu binden. Mithin ist der Gegensatz zwischen Forderungs- und Gewaltverhältnis kein konträrer, sondern ein kontradiktorischer[9].

Eine Rechtsnorm bringt danach ein Forderungsverhältnis hervor, wenn sie die Beziehungen zwischen mindestens zwei Rechtssubjekten von sich aus inhaltlich fest umrissen und bestimmt regelt, so daß einem oder mehreren bestimmten Rechten nur eine oder mehrere bestimmte Pflichten entsprechen; beide Teilnehmer an dem Rechtsverhältnis sind gleichgeordnet.

Eine Rechtsnorm bringt dagegen ein Gewaltverhältnis hervor, wenn sie die Beziehungen zwischen mindestens zwei Rechtssubjekten so regelt, daß der eine Teil den Willen des anderen inhaltlich von sich aus einseitig binden kann; der Berechtigte ist dem Verpflichteten übergeordnet.

Da der Leistungsbescheid wenigstens in seinem verfügenden Teil einen Befehl zu einem bestimmten Verhalten des Adressaten enthält, muß das Rechtsverhältnis, in dem ein Leistungsentscheid ergeht, Gewaltverhältnis sein.

§ 9. Forderungs- und Gewaltverhältnis im öffentlichen Recht; insbes. das verwaltungsrechtliche Gewaltverhältnis

Die Kategorien Forderungs- und Gewaltverhältnis gehören dem allgemeinen Teil des Rechts an und gelten daher sowohl im privaten als auch im öffentlichen Recht[1]. Sie unterscheiden sich strukturell nicht von entsprechenden Rechtsverhältnissen im Privatrecht. Gleichwohl bestehen im Verwaltungsrecht Besonderheiten, auf die näher eingegangen werden muß.

A. Die Gewalt des öffentlich-rechtlichen Gewaltverhältnisses

Wenn ein Organ der Verwaltung in einem öffentlich-rechtlichen Gewaltverhältnis tätig wird, so wendet es öffentliche Gewalt an. Die Verwaltung handelt also hoheitlich auf Grund der ihr generell als Teilhaberin an der Staatsgewalt zustehenden öffentlichen Gewalt. Ihr wird im Gewaltverhältnis diese Gewalt nicht übertragen, sondern aus diesem

---

[9] *Thieme*, Die besonderen Gewaltverhältnisse: DöV 56, S. 521 ff. (522).

[1] *Schneider*, Das Abgabengewaltverhältnis, S. 4; *Nawiasky*, Allgemeine Rechtslehre, S. 245.

§ 9. Forderungs- und Gewaltverhältnis im öffentlichen Recht 57

ergibt sich nur die Befähigung der Verwaltung, die öffentliche Gewalt im Einzelfalle anzuwenden. Während im zivilrechtlichen Gewaltverhältnis die Wirkung des einseitigen Befehls darauf beruht, daß zuvor schon eine Gehorsamspflicht des untergeordneten Teils besteht, bringt der Befehl im öffentlich-rechtlichen Gewaltverhältnis auch von sich aus[2] eine Pflicht zu bestimmtem menschlichen Verhalten hervor. Diese Wirkung beruht auf der Verbindlichkeit des hoheitlichen Handelns. Auf sie ist auch zurückzuführen, daß der im öffentlich-rechtlichen Gewaltverhältnis gegebene Befehl nach ungenutztem Verstreichen der Rechtsmittelfrist Bestandskraft erlangt und vollstreckbar wird.

B. Die verschiedenen öffentlich-rechtlichen Gewaltverhältnisse

Vergegenwärtigt man sich, daß hinsichtlich einer Norm jeweils ein Rechtsverhältnis i. e. S. und ein Rechtsverhältnis i. w. S.[3] bestehen, so erscheint es naheliegend, daß in beiden Rechtsverhältnissen ein Gewaltverhältnis bestehen kann.

I. Das Vollstreckungsverhältnis

Das Rechtsverhältnis i. w. S. wurde als die Beziehung des Normadressaten charakterisiert, in der dieser zu dem Normgeber als Rechtsordnungssubjekt steht. Es wird bestimmt durch das Recht des Normgebers — in der Regel des Staates, aber auch autonomer Gebietskörperschaften —, die Befolgung der von ihm gesetzten Normen zu verlangen und notfalls zwangsweise durchzusetzen, und durch die Pflicht des Normadressaten zur Normbefolgung. Da die Normbefolgungspflicht nichts anderes als die durch den Erlaß der Norm konkretisierte allgemeine Gehorsamspflicht des einzelnen gegenüber den hoheitlichen Akten des Staates ist, ist das Rechtsverhältnis i. w. S. immer Gewaltverhältnis. Da es der Durchsetzung der Normbefolgungspflicht dient, kann es als Vollstreckungsverhältnis bezeichnet werden.

Die Wahrnehmung der Rechte des Staates aus dem Rechtsverhältnis i. w. S. liegt in der Hand der Organe der Gewalt, die für die Erzwingung der Normbefolgungspflicht zuständig ist. Es kann die Rechtsprechung oder die Verwaltung sein. Ist es die Verwaltung, so entsteht mit der Konkretisierung dieser Pflicht durch den Erlaß einer Norm oder — soweit erforderlich — den Erlaß einer Norm und einen weiteren Konkretisierungsakt ein Gewaltverhältnis zwischen der Verwaltung und dem zur Normbefolgung Verpflichteten. Damit ist der Verwaltung in dem Voll-

---

[2] Vgl. oben § 5, B, I.
[3] Vgl. oben § 5, A, I und II.

streckungsrechtsverhältnis strukturell die Befähigung zur Anordnung und Anwendung hoheitlicher Gewalt gegeben.

II. Das Regelungsverhältnis

Als Rechtsverhältnis i. e. S. wurden die Rechtsbeziehungen bezeichnet, in denen sich Verwaltungsbehörde und Bürger als Normunterworfene gegenüberstehen. Da aus diesem Rechtsverhältnis das Recht der Verwaltung folgt, dem einzelnen gegenüber eine Regelung zu treffen, kann es als Regelungsverhältnis bezeichnet werden. Voraussetzung für eine einseitige Regelung ist allerdings, daß das Rechtsverhältnis i. e. S. ein Gewaltverhältnis ist. Dies kann nicht ohne weiteres als gegeben angesehen werden. Wenn man einmal das allgemeine Gewaltverhältnis an dieser Stelle aus den Überlegungen ausklammert, ist erforderlich, daß die das Rechtsverhältnis i. e. S. hervorbringende Norm es als Gewaltverhältnis strukturiert. Dies ist dann der Fall, wenn die Verwaltung als Berechtigte eine solche Stellung erhält, vermöge derer sie einseitig durch ihre Willenserklärung die Pflicht zu einem bestimmten Verhalten auslösen kann. Das kann sie — im Besitze der öffentlichen Gewalt — zwar immer; von Rechts wegen ist sie dazu aber nur befähigt, wenn eine Rechtsnorm das Rechtsverhältnis i. e. S. als Gewaltverhältnis regelt.

Es ist also möglich, daß die Verwaltung einen Befehl sowohl im Rechtsverhältnis i. e. S. als auch im Rechtsverhältnis i. w. S. erläßt; Voraussetzung ist nur, daß das jeweilige Rechtsverhältnis als Gewaltverhältnis strukturiert ist. Entsprechend der verschiedenen Inhalte und Zweckrichtungen der Rechtsverhältnisse haben die Befehle allerdings verschiedene Funktionen: Sie sind Regelungsakte, wenn sie auf Grund des Rechtsverhältnisses i. e. S. ergehen, und Vollstreckungsakte, wenn sie auf dem Rechtsverhältnis i. w. S. beruhen.

III. Das Verhältnis zwischen den verschiedenen Gewaltverhältnissen

Da das Rechtsverhältnis i. w. S. die Normbefolgungspflicht des Normadressaten gegenüber dem Staat als Rechtsordnungssubjekt zum Inhalt hat, entsteht es erst, wenn eine solche Normbefolgungspflicht vorhanden ist. Bei einer Norm, die eine abstrakte Regelung enthält, ensteht die Normbefolgungspflicht mit der Konkretisierung der normativen Pflichtigkeit zu einer Pflicht. Bringt eine Rechtsnorm ein Gewaltverhältnis hervor, so ist die normative Pflicht des einzelnen zunächst abstrakt, da die Gehorsamspflicht selbst abstrakt und daher ohne Wirkung ist, solange sie inhaltlich nicht bestimmt ist. Die Normbefolgungspflicht tritt daher erst ein und führt zur Entstehung des Rechtsverhältnisses i. w. S.,

§ 10. Folgerungen für die hoheitliche Geltendmachung von Forderungen 59

wenn der im Rechtsverhältnis i. e. S. Berechtigte die Gehorsamspflicht inhaltlich konkretisiert. Soweit also im Rechtsverhältnis i. e. S. ein Gewaltverhältnis vorliegt, bleibt der Verwaltung keine Wahl: Sie kann einen hoheitlichen Befehl nur auf das Rechtsverhältnis i. e. S. stützen. Dies entspricht auch der logischen Folge zwischen Regelung und Vollstreckung.

Anders scheint es zu sein, wenn das Rechtsverhältnis i. e. S. ein Forderungsverhältnis ist. Mit ihm entsteht das Rechtsverhältnis i. w. S. sofort, da ja die Pflicht des Normadressaten mit der Entstehung eines den gesetzlichen Tatbestand entsprechenden Sachverhalts konkret und inhaltlich genau bestimmt gegeben ist. Hier kann die Verwaltung, wenn sie die im Rechtsverhältnis i. w. S. zur Durchsetzung der Normbefolgungspflicht Wahrnehmungsberechtigte ist, auf dieses gestützt einen hoheitlichen Befehl erlassen. Dieser ist dann allerdings nur Vollstreckungsakt. Mangels eines noch zu regelnden Substrats ist im Rechtsverhältnis i. e. S. dagegen eine Regelungsbefugnis nicht gegeben; denn wo nichts mehr zu regeln ist, kann auch kein Recht zur Regelung bestehen.

Zwischen dem Rechtsverhältnis i. e. S. und dem Rechtsverhältnis i. w. S. besteht im Verwaltungsrecht noch eine weitere Beziehung. Wenn das Rechtsverhältnis i. e. S. als Gewaltverhältnis strukturiert ist, der Verwaltung also die Befähigung verleiht, einseitig befehlend menschliches Verhalten zu bestimmen, wäre die damit der Verwaltung eingeräumte Macht unvollkommen, wenn die Befolgung des Befehls lediglich dem Willen des Adressaten überlassen bliebe. Der Verwaltung, der Befehlen erlaubt ist, muß auch die Befähigung gegeben sein, die Befolgung des Befehls notfalls zu erzwingen[4]. Daher muß der Verwaltung auch die Vollstreckungsbefähigung aus dem Rechtsverhältnis i. w. S. zustehen. Man kann daher sagen: Ist die Verwaltung Berechtigte eines Gewaltverhältnisses im Rechtsverhältnis i. e. S., so ist sie in der Regel auch Berechtigte im Gewaltverhältnis im Rechtsverhältnis i. w. S.

§ 10. Folgerungen für die hoheitliche Geltendmachung von Forderungen durch Leistungsbescheid

A. Die Voraussetzungen für die hoheitliche Geltendmachung von Forderungen

Aus der Unterscheidung zwischen Forderungs- und Gewaltverhältnis folgt, daß der Erlaß eines Leistungsbescheides, der einen einseitigen

---

[4] *Wolff* III, § 160, I, a (S. 280); *Anschütz*, Das Recht des Verwaltungszwanges in Preußen: Verw.Arch. Bd. 1 (1893), S. 389 ff. (446); *Haueisen*, Die Rechtsgrundlage der Vollstreckung des Verwaltungsaktes: NJW 56, S. 1457 sieht darin sogar einen „allgemeinen Rechtsgrundsatz"; *Haueisen*, Verwaltung und Bürger: DVBl. 61, S. 833 f. (834).

Befehl beinhaltet, das Bestehen eines Gewaltverhältnisses zwischen der Verwaltung und dem Adressaten voraussetzt. Wenn mit einem Leistungsbescheid eine Geldforderung geltend gemacht werden soll, so muß zwischen der Verwaltung als Gläubiger und dem Bürger als Schuldner also nicht nur ein Forderungsverhältnis bestehen, aus dem sich Grund und Höhe der Geldforderung der Verwaltung ergibt, sondern ebenso ein Gewaltverhältnis, aus der die Befähigung der Verwaltung zu einseitigem Handeln herzuleiten ist.

Die hoheitliche Geltendmachung von Forderungen setzt also neben dem Forderungs- ein Gewaltverhältnis voraus[1]. Daraus folgt zugleich, daß entgegen der Ansicht von *Götz*[2] aus der öffentlich-rechtlichen Qualifizierung einer Forderung keineswegs auf die Art ihrer Geltendmachung geschlossen werden kann, denn mit der Normierung einer Forderung entsteht strukturell nicht notwendig ein Gewaltverhältnis.

B. Die Unableitbarkeit eines Gewaltverhältnisses aus genau bestimmte und bestimmbare Forderungen erzeugenden Rechtssätzen und Verträgen

Ein Gewaltverhältnis, das die Verwaltungsbehörde zu dem Erlaß eines Leistungsbescheides befähigt, liegt dann vor, wenn eine Rechtsnorm ein Rechtsverhältnis so regelt, daß die Verwaltung einseitig den Willen des Verpflichteten binden kann. Das ist nur dann möglich, wenn es im Rechtssatz entweder ausdrücklich vorgesehen ist — z. B. durch die Formel: diese Forderung kann die Verwaltungsbehörde durch Leistungsbescheid geltend machen — oder sich aus der Regelung der Verpflichtung ergibt. Reicht nämlich die Setzung eines Sachverhalts zur Konkretisierung einer rechtssatzmäßigen Pflicht nicht aus, so muß die Verwaltung in der Lage sein, durch ihren Befehl die Pflicht zu konkretisieren. So ist es z. B. bei den Veranlagungssteuern.

Die Schadensersatz- und Erstattungsforderungen sind aber so geregelt, daß zwischen der berechtigten Verwaltungsbehörde und dem verpflich-

---

[1] Dies klingt in dem — nicht veröffentlichten, in dem Urteil des Bundesverwaltungsgerichts vom 28. 6. 65 — VIII C 10/65 —: DVBl. 66, S. 145 f. zitierten — Urteil des Bundesverwaltungsgerichts vom 15. 10. 64 — VIII C 65/64 — an, wenn es dort heißt: „Steht der Anspruch der vollziehenden Gewalt gegen eine Person zu, die ihr bezüglich des Anspruches auf Grund einer Rechtsnorm gewaltunterworfen ist, so ist die vollziehende Gewalt befugt, den Anspruch hoheitlich zu verwirklichen." Ähnlich auch schon: BVerwG U. 6. 5. 64 — VIII C 394/63 —: BVerwGE Bd. 18, S. 283 (285) und BVerwG U. 24. 6. 66 — VI C 183/62 —: BayVBl. 66 S. 387—389; vgl. auch *Menger-Erichsen*, Höchstrichterliche Rechtsprechung zum Verwaltungsrecht: Verw.Arch. Bd. 57 (1966), S. 377 ff. (378/381); andeutungsweise auch *Haueisen*, Nochmals: Erstattungsansprüche im öffentlichen Recht: NJW 55, S. 212 f. (213).

[2] *Götz*, Verzinsung öffentlich-rechtlicher Geldforderungen: DVBl. 61, S. 433 ff. (437) und oben § 3, B.

§ 10. Folgerungen für die hoheitliche Geltendmachung von Forderungen 61

teten Bürger nur ein Forderungsverhältnis entsteht. Als Beispiel mag § 46 Abs. 1 Satz 1 BRRG³ dienen: „Verletzt ein Beamter schuldhaft die ihm obliegenden Pflichten, so hat er dem Dienstherrn, ..., den daraus entstandenen Schaden zu ersetzen." Aus diesem Rechtssatz wird man nur schwerlich eine Gehorsamspflicht des Beamten herleiten können, es sei denn, man wolle auch aus § 823 BGB eine Gehorsamspflicht des Schädigers gegenüber dem Geschädigten entnehmen. Nicht anders ist es bei den Erstattungsansprüchen, die entsprechend den bürgerlich-rechtlichen Ansprüchen nach § 812 bzw. §§ 684, 683 BGB geregelt sind⁴, bzw. in Anwendung ihrer Gedanken gewonnen werden. Allein durch die Begründung einer Forderung wird also nur ein Forderungsverhältnis hergestellt, kein Gewaltverhältnis; denn die rechtlichen Beziehungen sind eindeutig normativ geregelt⁵. Die klare Unterscheidung zwischen Forderungs- und Gewaltverhältnis erweist die Ansicht als unhaltbar, der Erstattungsanspruch als Kehrseite der Leistungsgewährung könne durch Verwaltungsakt geltend gemacht werden, wenn die Leistungsgewährung durch Verwaltungsakt erfolgt sei⁶. Selbst wenn der Erstattungsanspruch Kehrseite der Leistungsgewährung ist, so bleibt er immer noch Forderung und es besteht kein Anlaß, ein Rechtsverhältnis, in dem eine Forderung besteht, als Gewaltverhältnis anzusehen. Daran ändert auch nichts, daß die Leistungsgewährung durch Verwaltungsakt erfolgt ist. In diesem Falle würde es sich nämlich um einen begünstigenden Verwaltungsakt handeln, der die Verwaltung selbst verpflichtet, jedoch einen Befehl oder eine Belastung nicht enthält. Er würde also ein Gewaltverhältnis nicht voraussetzen. Anders wäre die Lage allerdings zu beurteilen, wenn die Leistung im Rahmen eines ausdrücklich geregelten Gewaltverhältnisses gewährt würde, das sich auf die Abwicklung aller aus der Leistungsgewährung folgenden vermögensrechtlichen Beziehungen und damit auch eine Erstattung erstreckt. Dies müßte aber im Einzelfall an Hand der normativen Beziehungen festgestellt werden.

Nirgends wird die Enstehung eines Forderungsverhältnisses deutlicher als bei verwaltungsrechtlichen Verträgen. Schon der Vertrag setzt seinem Wesen nach eine Gleichordnung der Partner voraus — insofern kann für das Verwaltungsrecht nichts anderes gelten als für das bürgerliche Recht; denn dem Vertrag ist eigen, daß gleichberechtigte Partner durch Willenserklärungen gleichen Gewichts sich gegenseitig binden. Daraus folgt, daß Verwaltung und Bürger hinsichtlich aller durch einen Vertrag begründeten Rechte und Pflichten auch als gleichgeordnet zu behandeln sind und

---

³ Vgl. dazu die fast gleichlautenden Vorschriften der §§ 78 BBG und 84 LBG NW, auch § 24 SoldG.
⁴ Vgl. §§ 53 Abs. 2 BRRG, 87 Abs. 2 BBG, 98 LBG NW.
⁵ *Thieme,* Die besonderen Gewaltverhältnisse: DöV 56, S. 521 f. (522).
⁶ Vgl. oben § 3, B (Fußnote 18).

daß auch die Verwaltung hinsichtlich der Geltendmachung von Vertragsforderungen nicht privilegiert sein kann. Ein Gewaltverhältnis würde durch einen Vertrag nur begründet, wenn der Bürger es der Verwaltung — wiederum vertraglich — überließe, einseitig seine Leistungspflicht inhaltlich zu bestimmen. Wenn dies nicht der Fall ist, liegt ein Forderungsverhältnis vor, das eine einseitige Regelung durch die Verwaltung nicht zuläßt. Bringt der verwaltungsrechtliche Vertrag zudem eine inhaltlich genau bestimmte Forderung hervor, so ist überhaupt nicht mehr einzusehen, woher der Verwaltung ein Recht zur einseitigen Regelung zustehen soll. Dies gilt sowohl, wenn der Vertrag alleinige Rechtsquelle einer solchen Forderung ist, als auch, wenn er eine inhaltlich genau bestimmte gesetzlich geregelte Forderung zum Gegenstand hat. Auch bei Rückgriff auf eine gesetzliche Regelung würde kein Gewaltverhältnis zur Verfügung stehen, das ein Recht zur einseitigen Handlung gäbe. Im übrigen würde in einem solchen Falle nicht aus dem Vertrag, sondern aus dem Gesetz vorgegangen[7], so daß man nicht mehr von der Geltendmachung einer vertraglichen Forderung sprechen könnte.

Verwaltungsrechtliche Rechtssätze und Verträge, die genau bestimmte oder rechnerisch bestimmbare Geldforderungen des Staates bzw. einer Verwaltungsbehörde hervorbringen, erzeugen lediglich Forderungsverhältnisse[8]. Sie geben der Verwaltungsbehörde nicht die Befähigung, diese Forderungen durch Leistungsbescheid geltend zu machen, weil es an einem Gewaltverhältnis fehlt.

C. Die Unbrauchbarkeit der Vollstreckungsgesetze als Grundlage für eine Befähigung zur hoheitlichen Geltendmachung von Forderungen

Es ist auch nicht möglich, aus den Bestimmungen der Verwaltungsvollstreckungsgesetze auf eine Befähigung der Verwaltung zur Geltendmachung von Forderungen durch Leistungsbescheid zu schließen[9]. Zwar ist das Rechtsverhältnis i. w. S., aus dem das Vollstreckungsrecht des Staates als Rechtsordnungssubjekt folgt, immer Gewaltverhältnis und gibt der zur Vollstreckung zuständigen Verwaltung die Befähigung zu

---

[7] *Lerche*, Die verwaltungsrechtliche Klage aus öffentlich-rechtlichen Verträgen: Staatsbürger und Staatsgewalt, Bd. 2, S. 59 ff. (84).

[8] In diesen Fällen kann auch keine „sinnvolle Auslegung der maßgeblichen gesetzlichen Haftungsbestimmungen" (*Weingart*, Leistungsbescheide gegen Beamte wegen Eigenschäden: DöV 67, S. 289 ff., 291) eine Befähigung oder Befugnis zur Geltendmachung durch Leistungsbescheid, also ein Gewaltverhältnis ergeben.

[9] Die Vollstreckungsgesetze als Grundlage für den Erlaß eines Leistungsbescheides nehmen an: z. B. VGH Bremen U. 30. 6. 59 — B A 22/59 —: DVBl. 59, S. 751—752; VGH Kassel U. 22. 5. 62 — OS I 73/61 —: DVBl. 63, S. 555—556; wohl auch *Scheerbarth*, Verwaltungszwang im Beamtenrecht: ZBR 63, S. 168 ff. (170).

§ 10. Folgerungen für die hoheitliche Geltendmachung von Forderungen 63

einseitigem Handeln durch Befehl. Die in ihm ergehenden Akte sind aber Vollstreckungsakte. Der Leistungsbescheid als Regelungsakt, d. h. als Akt inhaltlicher Regelung einer Leistungspflicht, kann jedoch nur auf Grund eines Regelungsverhältnisses ergehen, also nur in einem Rechtsverhältnis i. e. S.

Allein aus der Tatsache, daß gewissermaßen „zufällig" in der Verwaltung der Berechtigte aus dem Rechtsverhältnis i. e. S. und aus dem Rechtsverhältnis i. w. S. häufig identisch sind, kann nicht gefolgert werden, daß das Befehlsrecht aus dem letzteren in das erstere übertragen werden darf. Wenn sich auch beide Rechte in einer Hand vereinigen, so haben sie doch einen ganz verschiedenen Inhalt und Zweck. Auch nach geltendem Recht soll der Verwaltung ein Vollstreckungsrecht nach den Vollstreckungsgesetzen nur zustehen, wenn sie in dem Rechtsverhältnis i. e. S. zu einer einseitigen Regelung befugt ist. Dies folgt aus der Regelung der Verwaltungsvollstreckung wegen Geldforderungen in den Verwaltungsvollstreckungsgesetzen, wonach die Vollstreckung einen Leistungsbescheid voraussetzt[10]. Die Vollstreckungsbefähigung folgt also der Befähigung zur einseitigen Regelung und nicht umgekehrt.

---

[10] Vgl. § 3 Abs. 2 lit. a VwVG, § 6 Abs. 1 Ziff. 1 VwVG NW, §§ 18, 23 BayVwZVG.

Viertes Kapitel

Das allgemeine Gewaltverhältnis als Grundlage für den Erlaß von Leistungsbescheiden

Da mit der rechtssatzmäßigen oder vertraglichen Begründung einer Geldforderung noch kein Gewaltverhältnis gegeben ist, das der Verwaltung die Befugnis gäbe, diese Forderungen hoheitlich durch einseitigen Befehl geltend zu machen[1], liegt es nahe, auf das allgemeine Gewaltverhältnis zurückzugreifen, um aus ihm die Befähigung zu hoheitlichem Handeln zu entnehmen. Tatsächlich läuft die Argumentation des Bundesverwaltungsgerichts auf nichts anderes hinaus, wenn es sagt, „daß der einzelne insoweit, als derartige (gemeint sind materiell-rechtlich bestimmte[2]) Maßnahmen gesetzlich vorgesehen sind, bezüglich der davon betroffenen Rechtsverhältnisse gewaltunterworfen ist, wenn anders die im Grundgesetz verankerten Begriffe der Staatsgewalt und vollziehenden Gewalt nicht ohne Inhalt sein sollen"[3]. Es stellt sich damit die Frage, ob das zwischen der Verwaltung und dem einzelnen bestehende Verhältnis überhaupt ein allgemeines Gewaltverhältnis ist und dieses ausreichen kann, den Erlaß eines Leistungsbescheides zur Geltendmachung von Forderungen zu rechtfertigen.

Es wird somit erforderlich, Klarheit über das allgemeine Gewaltverhältnis und seine Grenzen zu gewinnen.

§ 11. Begriff und Wesen des allgemeinen Gewaltverhältnisses

Im Jahre 1954 stellte *Bachof* die Frage, wann ein Gewaltverhältnis ein „besonderes" sei, und fügte dann die Bemerkung an, eine eindeutige Grenzziehung zwischen allgemeinem und besonderem Gewaltverhältnis fehle bis heute[4]. An dieser Lage hat sich noch nichts geändert[5]. Es scheint

---

[1] Vgl. oben § 10, B.
[2] Hinweis in Klammern stammt vom Verfasser.
[3] BVerwG U. 6. 5. 64 — VIII C 394/63 —: BVerwGE Bd. 18, S. 283—288 = DVBl. 64, S. 921—923; ähnlich BVerwG U. 28. 6. 65 — VIII C 10/65 —: DVBl. 66, S. 145—146.
[4] *Bachof*, Begriff und Wesen des sozialen Rechtsstaates: VVDStL Heft 12 (1954), S. 37 ff. (61).
[5] Vgl. *Ule*, Das besondere Gewaltverhältnis: VVDStL Heft 15 (1957), S. 133—182 und *Krüger*, Das besondere Gewaltverhältnis: VVDStL Heft 15 (1957), S. 109—129.

§ 11. Begriff und Wesen des allgemeinen Gewaltverhältnisses

beinahe so, als sei die Abgrenzung des allgemeinen vom besonderen Gewaltverhältnis wirklich nur eine Frage des konstruktiven Beliebens[6]. Es würde den Rahmen dieser Untersuchung sprengen, dieses Versäumnis der Wissenschaft nachzuholen. Dennoch muß versucht werden, dem, was das allgemeine Gewaltverhältnis ist, nachzugehen.

A. Der Begriff des allgemeinen Gewaltverhältnisses in der wissenschaftlichen Entwicklung

Die verwaltungs- und staatsrechtliche Lehre vom allgemeinen Gewaltverhältnis ist im Grunde eine Lehre vom besonderen Gewaltverhältnis[7]. Es ist schon schwierig festzustellen, wann überhaupt zum ersten Male der Begriff allgemeines Gewaltverhältnis geprägt wurde. Bezeichnend ist, daß insofern gerne auf *Laband* zurückgewiesen und Otto *Mayer* für die allgemeine Verbreitung dieses Begriffes verantwortlich gemacht wird[8], obwohl weder der eine noch der andere in ihren in Bezug genommenen Schriften ein allgemeines Gewaltverhältnis als Begriff verwenden und nur vom besonderen Gewaltverhältnis sprechen[9]. Diesem gegenüber kannte *Laband* zwischen Staat und Bürger nur ein Verhältnis der „Untertanenschaft"[10] oder schlicht „ein Gewaltverhältnis, welches nicht durch den freien Willensentschluß der Beteiligten begründet ist, sondern ohne denselben besteht"[11]; aus ihm ergebe sich die „Gehorsamspflicht" und die „Untertanen"- oder „Bürgerpflicht". Otto *Mayer* bezeichnet das Verhältnis des Staates zu den Untertanen, in dem diese sich in umfassender Abhängigkeit befinden[12], als ein „großes Gewaltverhältnis"[13]. Hinsichtlich

---

[6] *Thoma*, Der Vorbehalt des Gesetzes im preußischen Verfassungsrecht: Festgabe für Otto Mayer, S. 167 ff. (178).

[7] Für diese Betrachtungsweise bezeichnend ist die Aussage von *Obermayer*, Grundzüge des Verwaltungsrechts und Verwaltungsprozeßrechts, S. 32: „Die rechtliche Bedeutung des allgemeinen Gewaltverhältnisses wird darin gesehen, daß es kein besonderes Gewaltverhältnis ist."

[8] *Forsthoff*, Lehrbuch, § 7, A, 1 (S. 115); E. *Becker*, Verwaltung und Verwaltungsrechtsprechung: VVDStL Heft 14 (1956) S. 96.

[9] *Laband*, Das Staatsrecht des Deutschen Reiches, Bd. 1, S. 433 ff.; Otto *Mayer*, Deutsches Verwaltungsrecht, Bd. 1, 1. Aufl. 1895, S. 108 Fußnote 13; Otto *Mayer* übernahm von *Laband* den Begriff besonderes Gewaltverhältnis. Dieser ist von Otto *Mayer* vielfach verwandt und verbreitet worden.

[10] *Laband*, Das Staatsrecht des Deutschen Reiches, § 15, 1 (S. 141); 4. Aufl., S. 128.

[11] *Laband*, Das Staatsrecht des Deutschen Reiches, § 44 (S. 433).

[12] Otto *Mayer*, Deutsches Verwaltungsrecht, Bd. 1, § 9, III (S. 101 f.).

[13] Otto *Mayer*, Zur Lehre vom öffentlich-rechtlichen Vertrage: AöR Bd. 3 (1888), S. 3 ff. (53); Otto *Mayer*, Deutsches Verwaltungsrecht, Bd. 1, 1. Aufl. 1895, S. 108 Fußnote 13; dieser Begriff geht wohl auf *Ehrenberg*, Commendation und Huldigung, S. 42 ff., zurück.

4. Kap.: Das allgemeine Gewaltverhältnis als Grundlage

der inhaltlichen Bestimmung beruft er sich wie *Laband*[14] auf *v. Gerber*[15], der von einem „organischen Gewaltverhältnis" spricht. Soweit ersichtlich, ist der Begriff allgemeines Gewaltverhältnis zuerst von *Thoma*[16] gebraucht worden und erscheint dann später wieder bei *Fleiner*[17]. Heute gehört er zum festen Begriffsbestand der Verwaltungswissenschaft[18] und der allgemeinen Staatslehre[19], ohne allerdings näher beschrieben oder abgegrenzt worden zu sein.

B. Begriffliche Abgrenzung des allgemeinen Gewaltverhältnisses

Wie der Begriff allgemeines Gewaltverhältnis sich als Gegensatz zu dem Begriff besonderes Gewaltverhältnis herausbildete, sind auch die Aussagen über sein Wesen von der Aussage über das besondere Gewaltverhältnis her bestimmt. Vor allem wurde es wie dieses als ein konkretes Gewaltverhältnis aufgefaßt. Als wesentliches Merkmal des Staat-Untertanenverhältnisses wird dabei die allgemeine Gehorsamspflicht gegenüber den Willensäußerungen des Staates hervorgehoben[20], die aus dem Gewaltverhältnis folge, das zwischen dem Staat und seinen Untertanen bestehe. Dieser allgemeinen Gehorsamspflicht werden weitere Pflichten gegenübergestellt, die ebenfalls aus dem allgemeinen Gewaltverhältnis folgen und als „Untertanen- oder Bürgerpflichten"[21] oder „Pflicht zur Hingabe an den Staat"[22] bezeichnet werden und inhaltlich solche Pflichten sind, die sich aus der Mitgliedschaft am Staate ergeben[23]. *Wolff* definiert den passiven Status, der wohl mit dem allgemeinen Gewaltverhältnis identisch ist, als den Inbegriff aller potentiellen Pflichten der Zivilpersonen gegenüber dem Staat[24].

---

[14] *Laband*, Das Staatsrecht des Deutschen Reiches, § 15, 1 (S. 141).
[15] *v. Gerber*, Grundzüge des Deutschen Staatsrechts, 3. Aufl. 1880, § 16 (S. 46).
[16] *Thoma*, Der Polizeibefehl im badischen Recht, § 2, II (S. 17).
[17] *Fleiner*, Institutionen, § 12 (S. 165).
[18] Vgl. *Wolff* I, § 32, IV, c, 1 (S. 163), der allerdings weniger von allgemeinem Gewaltverhältnis spricht, sondern das allgemeine Verhältnis zwischen Staat und Bürger als „passiven Status" bezeichnet; vgl. auch *Forsthoff*, Lehrbuch, § 7, 1 (S. 115); *Obermayer*, Verwaltungsakt und innerdienstlicher Rechtsakt, S. 86.
[19] Neuerdings noch: *Krüger*, Allgemeine Staatslehre, § 38 (S. 941).
[20] *Laband*, Das Staatsrecht des Deutschen Reiches, § 15, 1 (S. 141); Otto *Mayer*, Deutsches Verwaltungsrecht, 1. Aufl. 1895, S. 105; *Fleiner*, Institutionen, § 12 (S. 165); *Thoma*, Der Polizeibefehl im badischen Recht, § 2, II (S. 17); *v. Gerber*, Grundzüge des Deutschen Staatsrechts, § 17 (S. 48/49).
[21] *Laband*, Das Staatsrecht des Deutschen Reiches, § 44 (S. 433); *Fleiner*, Institutionen, § 12 (S. 165).
[22] *v. Gerber*, Grundzüge des Deutschen Staatsrechts, § 17 (S. 48/49).
[23] G. *Jellinek*, Allgemeine Staatslehre, S. 425.
[24] *Wolff* I, § 32, IV, c, 1 (S. 162).

§ 11. Begriff und Wesen des allgemeinen Gewaltverhältnisses

I. Das allgemeine Gewaltverhältnis als Inbegriff der Verbandspflichten

Wie schon aus der Entwicklung des Begriffes allgemeines Gewaltverhältnis in der Wissenschaft hervorgeht, sind mit diesem gewisse Pflichten der Zivilpersonen gegenüber dem Staate verbunden, die mit dem Leben innerhalb des staatlichen Hoheitsgebietes erforderlich werden[25]. Um diesen Pflichtenkreis abzustecken, muß man sich vergegenwärtigen, daß der Staat ein Verband ist, in dem eine Vielzahl von Individuen zusammengefaßt ist[26]. Dieser Verband würde sehr schnell durch innere und äußere Einflüsse zerfallen, sei es, daß die Bürger des Staates selbst rücksichtslos ihre eigenen Interessen verfolgten, sei es, daß eine äußere Macht den Verband bedrohte, wenn nicht dem Verhalten der Verbandsangehörigen bestimmte Grenzen gesetzt würden und die Verbandsangehörigen gewisse Leistungen erbringen müßten, die darauf ausgerichtet sind, den Verband als solchen zu erhalten. Es handelt sich bei diesen — man kann sie nennen — Verbandspflichten um Pflichten, „die nicht auf dem Individuum schlechthin lasten, sondern mittelbar aus der Mitgliedschaft am Staate entspringen, auf die Teilhaberschaft an dem Volk in subjektiver Eigenschaft gegründet sind"[27]. Sicherlich geht es zu weit, wenn *v. Gerber* „eine allgemeine Hingabe der Persönlichkeit an den Staat"[28] fordert, soweit ein Bedürfnis zur Verwendung ihrer persönlichen und sachlichen Kräfte besteht. Es muß vielmehr versucht werden, aus dem Verbandsgedanken heraus die Pflichten des einzelnen, die der Erhaltung des Verbandes dienen, zu entwickeln. Maßstab für diese allgemeinen „Bürgerpflichten"[29] kann dann nur die Notwendigkeit der Pflichten zur Verbandserhaltung sein, weil nur von dieser her die Abgrenzung der Verbands- von den Individualinteressen seiner Angehörigen in objektiver Weise möglich ist. Der einzelne hat die Pflicht, so viel zu tun und zu unterlassen, daß der Verband ungestört erhalten bleibt; er braucht aber nur so viel zu tun oder zu unterlassen.

Daraus ergibt sich als erste Pflicht die des Gehorsams gegenüber den Akten der Staatsgewalt, die Gehorsamspflicht[30]. Diese besteht darin, die

---

[25] *Wolff* I, § 32, IV, c, 1 (S. 162).
[26] G. *Jellinek*, Allgemeine Staatslehre, S. 179 ff. (181); *Laun*, Allgemeine Staatslehre im Grundriß, S. 61; *Wolff*, Organschaft und Juristische Person, 1. Bd., S. 344.
[27] G. *Jellinek*, Allgemeine Staatslehre, S. 425.
[28] *v. Gerber*, Grundzüge des Deutschen Staatsrechts, § 17 (S. 48/49).
[29] *Laband*, Das Staatsrecht des Deutschen Reiches, § 44 (S. 433); *Fleiner*, Institutionen, § 12 (S. 165).
[30] *Fleiner*, Institutionen, § 12 (S. 165); *Laband*, Das Staatsrecht des Deutschen Reiches, Bd. 1, § 44 (S. 433); § 15 (S. 141); Otto *Mayer*, Deutsches Verwaltungsrecht, 1. Aufl. 1895, S. 105; *Thoma*, Der Polizeibefehl im badischen Recht, § 2, II (S. 17); *Köhl*, Die besonderen Gewaltverhältnisse im öffentlichen

Gesetze und die auf Gesetz beruhenden Befehle der Staatsgewalt zu befolgen[31]. Der Gehorsam kann zum Zwecke der Verbandserhaltung so weit gehen, daß der einzelne auch verfassungswidrige Gesetze bis zu ihrer Außerkraftsetzung und rechtswidrige Verwaltungsakte bis zu ihrer Aufhebung befolgen muß. Allerdings hat die allgemeine Pflicht zum Gehorsam außerdem keinen weiteren Inhalt[32]. Sie konkretisiert sich vielmehr in gesetzlichen oder auf Gesetz beruhenden Pflichten.

Weitere Pflichten, die sich aus dem Gedanken der Verbandserhaltung ergeben, sind die Finanzpflichten[33]. Kein Verband und auch nicht der Staat kann ohne einen gewissen Finanzaufwand bestehen. Regierung, Verwaltung, Justiz und Gesetzgebung verlangen den Einsatz von persönlichen und sachlichen Mitteln. Da der Staat aus eigenen Unternehmen nicht genügend Geld einnimmt, ist er auf Geldleistungen der Staatsangehörigen angewiesen. Die Finanzpflicht konkretisiert sich in Abgabenpflichten (Steuern, Beiträge, Gebühren und Kosten). Nicht unter die Finanzpflichten fallen solche Zahlungspflichten des Bürgers gegenüber dem Staate, die nicht spezifisch verbandserhaltenden Charakter haben. Hierzu gehören alle die Zahlungspflichten, die zwar durch Gesetz oder auf Grund von Gesetz auferlegt werden, aber Ausfluß der allgemeinen Gerechtigkeit sind und dem Staat als Teilnehmer an der Gerechtigkeitsordnung erbracht werden müssen (Schadensersatz- und Erstattungsansprüche oder vertragliche Ansprüche).

Ausfluß der Verbandsmitgliedschaft sind ferner die Pflichten, die der Zivilperson dem Staate gegenüber zur Vermeidung der Zerstörung oder Gefährdung des Verbandes und seiner guten Ordnung obliegen. Hierzu gehören die Ordnungs- und Polizeipflichten[34], die überwiegend auf ein Unterlassen (Nicht-Störung der öffentlichen Sicherheit und Ordnung), häufig aber auch auf ein Tun (Beseitigung einer bereits eingetretenen Störung) oder Dulden (Inanspruchnahme als Störer oder auch als Nichtstörer) gehen. Die Ordnungs- und Polizeipflichten sollen Gefahren verhindern, die von innen her dem Verbande drohen.

Gegen äußere Gefährdung besteht die Wehrpflicht[35]. Sie steht auf der Grenze zwischen den Verbandserhaltungspflichten und den Dienstpflich-

---

Recht, S. 34; *Kahn*, Das besondere Gewaltverhältnis im öffentlichen Recht, S. 9.
[31] *Thoma*, Der Polizeibefehl im badischen Recht, § 2, II (S. 18).
[32] C. *Schmitt*, Inhalt und Bedeutung des zweiten Hauptteils der Reichsverfassung: HdBDStR, Bd. 2, § 101, IV (S. 597).
[33] *Wolff* I, § 32, IV, c, 1 (S. 162); *Fleiner*, Institutionen, § 12 (S. 165); *v. Gerber*, Grundzüge des Deutschen Staatsrechts, § 17, Anm. 2 (S. 49).
[34] *Wolff* I, § 32, IV, c, 1 (S. 162); *Fleiner*, Institutionen, § 12 (S. 165); *Thoma*, Der Polizeibefehl im badischen Recht, § 2, II (S. 19).
[35] *Wolff* I, § 32, IV, c, 1 (S. 162); *Fleiner*, Institutionen, § 12 (S. 165); *v. Gerber*, Grundzüge des deutschen Strafrechts, § 17 (S. 48/49); *Laband*, Das Staatsrecht des Deutschen Reiches, § 44 (S. 433).

ten, in deren Rahmen die Verbandsangehörigen Aufgaben wahrnehmen, die eigentlich dem Verbande zukommen. Im Staate sind dies die Pflichten, als Schöffe, Geschworener, Zeuge, Vormund, Wahlvorstand usw[36] tätig zu sein. Die Dienstpflichten folgen aus der Notwendigkeit, daß der Staat seine ordnende Funktion nicht allein mit seinen eigenen Mitteln durchführen kann, weil dies entweder von der Sache her nicht möglich oder nur schwer durchführbar ist oder einen unverhältnismäßigen Kostenaufwand verursachen würde, der mit einer wirtschaftlichen Finanzführung nicht zu vereinbaren ist.

Zusammenfassend kann gesagt werden: Aus der Stellung der Zivilpersonen als Verbandsmitglieder im Verbande Staat ergeben sich Verbandserhaltungspflichten bzw. Verbandspflichten als Grundpflichten[37]. Diese bestehen in der allgemeinen Gehorsamspflicht, den Finanz-, Ordnungs-, Polizei- und Dienstpflichten sowie der allgemeinen Wehrpflicht. Nennt man das allgemeine Verhältnis zwischen Bürger und Staat, in dem diese Pflichten bestehen, allgemeines Gewaltverhältnis, so ist dieses der Inbegriff der genannten Grundpflichten als Verbandspflichtsverhältnis.

II. Das allgemeine Gewaltverhältnis als rechtlich begrenztes Herrschaftsverhältnis

Die vorgenannten Pflichten der einzelnen als Verbandsmitglieder im Verbande Staat müssen notfalls, wenn sie nicht freiwillig erfüllt werden, erzwungen werden können. Dies ist dem Staate dadurch möglich, daß er als Gemeinwesen über öffentliche Gewalt verfügt, die allen Mitgliedern des Gemeinwesens und in beschränktem Maße auch fremden sich in seinem Machtbereich befindlichen Personen gegenüber gilt[38].

Der staatlichen Gewalt sind alle in ihrem Bereich lebenden Bürger zunächst rein faktisch unterworfen. Insofern ist das auf der öffentlichen Gewalt beruhende Gewaltverhältnis zunächst eine tatsächliche, keine rechtliche Kategorie, ein reines Machtverhältnis, „wo ein Müssen, kein Sollen sich vorfindet"[39]. Der tatsächliche Aspekt der öffentlichen Gewalt

---

[36] G. *Jellinek*, Allgemeine Staatslehre, S. 425.
[37] Zum Begriff und Wesen der Grundpflichten vgl. *v. Mangoldt-Klein*, Das Bonner Grundgesetz, Vorbem. V (S. 76—78); *Maunz*, Deutsches Staatsrecht, § 13, III (S. 94—96); *Schätzel*, Der internationale Schutz der Menschenrechte: Festschrift für Giese, S. 215 ff. (217/218); *Thoma*, Die juristische Bedeutung der grundrechtlichen Sätze der deutschen Reichsverfassung im allgemeinen: Nipperdey, Die Grundrechte und Grundpflichten der Reichsverfassung, Bd. 1, S. 1 ff. (28/29); *Peters*, Art. 132 u. 133 Abs. 1: Nipperdey, Die Grundrechte und Grundpflichten der Reichsverfassung, Bd. 2, S. 290 ff. (293); *Schneider*, Fünf Jahre Grundgesetz: NJW 54, S. 937 ff. (941).
[38] *Wolff* I, § 3, I, e (S. 16).
[39] *Krabbe*, Die Lehre der Rechtssouveränität, S. 125, Fußnote 2.

wird dort deutlich, wo der Staat rechtswidrige Handlungen begeht: Diese kann er, im Besitze der „einzigen Gewalt"[40] i. S. *Krügers* jederzeit — auch gegen Gesetz und Recht — faktisch durchsetzen. Daher kann man sagen, daß das allgemeine Gewaltverhältnis ein Verhältnis tatsächlicher Gewalt ist, die sich in der „sehr physischen Gewalt, die die Organwalter des Staates zu seinen Gunsten einsetzen"[41], äußert. Soweit der Staat über eine solche tatsächliche Gewalt verfügt, die er im Krisenfalle durch Polizei und Militär anwenden kann, um seine Ziele durchzusetzen, kann die Gewalt nicht als Rechtsgrundlage für ein staatliches Handeln angesehen werden, sonst wäre Macht gleich Recht.

Das Wort „Gewalt" bedeutet im Staats- und Verwaltungsrecht (anders als im Strafrecht) allerdings rechtmäßige Herrschaft[42]. Gewalt steht niemals im Gegensatz zu „Recht", sondern soll nur den überwiegenden Willen des Staates bezeichnen[43]. Die Staatsgewalt ist also nicht Gewalt im tatsächlichen Sinne des Wortes, sondern innerhalb rechtlicher Schranken geübte Gewalt, rechtliche Gewalt[44]. Es ist die Grundidee des öffentlichen Rechts, daß zwischen dem Staat und den seiner faktischen Gewalt Unterworfenen ein Rechtsverhältnis besteht, auf Grund dessen die Ausübung der staatlichen Gewalt ein Recht und der Gehorsam der Gewaltunterworfenen eine Rechtspflicht ist[45]. Gewaltausübung und Gehorsam sind aber nur so lange Recht des Staates bzw. Bürgerpflicht wie das objektive Recht sie vorsieht. „Die potentiell allseitige Subjektion ist aktuell stets rechtlich beschränkte Subjektion[46]." Das faktische Verhältnis der allgemeinen Gewaltunterworfenheit ist also insoweit ein „Allgemeines Gewaltverhältnis" als Rechtsverhältnis, wie in ihm Staatsgewalt und Unterordnung rechtlich begrenzt sind.

Damit liegt zwar die Erkenntnis offen, daß das allgemeine Gewaltverhältnis nur Rechtsverhältnis ist, wenn die in ihm herrschende Staatsgewalt rechtlich beschränkt ist. Es bleibt aber noch die Frage offen, wo diese rechtlichen Schranken der Staatsgewalt liegen. Nur wenn dies bekannt ist, kann die weitere Frage beantwortet werden, wann der Staat der Zivilperson gegenüber auf Grund des allgemeinen Gewaltverhältnisses Gewalt anwenden darf.

Eine normative Einschränkung oder Begrenzung der Staatsgewalt schlechthin kann es nicht geben, da die Staatsgewalt selbst als höchste Gewalt diese Normen setzen müßte. Dies liefe darauf hinaus, daß die

---

[40] *Krüger*, Allgemeine Staatslehre, § 36, I (S. 848 f.).
[41] *Wolff*, Organschaft und Juristische Person, Bd. 1, S. 445.
[42] *Wolff* I, § 32, IV, c (S. 162).
[43] *Köhl*, Die besonderen Gewaltverhältnisse im öffentlichen Recht, S. 29 Fußnote 2.
[44] G. *Jellinek*, Allgemeine Staatslehre, S. 387.
[45] *Thoma*, Der Polizeibefehl im badischen Recht, § 2, II (S. 17).
[46] G. *Jellinek*, System der subjektiven öffentlichen Rechte, S. 197.

§ 11. Begriff und Wesen des allgemeinen Gewaltverhältnisses 71

staatliche Gewalt durch Selbstbeschränkung den Charakter der Rechtsmacht gewönne⁴⁷. Damit würde zwar nicht das „Ob überhaupt", aber das „Wie" der Machteinschränkung und damit der Umfang der Gewalt in das Belieben des Staates gestellt. Eine klare Schranke der Statsgewalt läßt sich auch nicht aus der Bestimmung über die Staatsgewalt im Grundgesetz gewinnen. So wird in Art. 20 Abs. 2 GG zwar ausgesprochen, daß alle Staatsgewalt vom Volke ausgehe. Damit wird aber nur anerkannt, daß das Volk Träger der Staatsgewalt ist⁴⁸. Ihr Wesen bleibt aber offen, da Art. 20 Abs. 2 GG die Staatsgewalt als bestehend voraussetzt.

Die Beschränkungen der Staatsgewalt ergeben sich aber aus den Grundrechten und der Wertordnung, die das Grundgesetz aufgestellt hat. Sie ist im Prinzip darin zu sehen, daß der Staat um der Menschen willen, nicht aber der Mensch um des Staates willen da ist⁴⁹. Daher ist alles staatliche Handeln gegenüber der Freiheit als dem höheren Wert zu rechtfertigen⁵⁰. Dem Einzelinteresse geht nur das im Einzelfalle höherrangige Verbandsinteresse vor. Diese Gewaltbeschränkung auf den sozialen Zweck ist in Art. 2 Abs. 1 GG positiviert⁵¹. Mit dieser grundsätzlichen Einschränkung der Staatsgewalt ist für unsere Frage allerdings noch nicht viel gewonnen, da diese die Staatsgewalt überhaupt betrifft, nicht nur in ihrer Erscheinung im allgemeinen Gewaltverhältnis. Anders ausgedrückt: Das allgemeine Gewaltverhältnis darf keinesfalls weitergehen, als es der soziale Zweck erlaubt und endet an den Grundrechten. Tatsächlich liegen die Schranken der Staatsgewalt im allgemeinen Gewaltverhältnis allerdings schon eine Stufe vorher. Für ihre Bestimmung ist wiederum von dem Verbandsgedanken auszugehen. Damit der aus einer Vielzahl von Menschen mit häufig divergierenden Einzelinteressen bestehende Verband nicht zerfällt, muß eine Verbandsgewalt da sein, die zerstörerischen Kräfte — sei es von außen oder von innen — entgegenwirken und die höherwertigen Interessen der Allgemeinheit (Verbandsinteressen) durchsetzen, also den Verband und seine Ordnung erhalten kann⁵². Die Verbandsgewalt wäre nicht nötig, wenn die Verbandsmit-

---

⁴⁷ *G. Jellinek*, Allgemeine Staatslehre, S. 386.
⁴⁸ *Maunz-Dürig*, Grundgesetz, Art. 20 Rd.Nr. 46 ff. (50); *v. Mangoldt-Klein*, Das Bonner Grundgesetz, Bd. 1, Art. 20 Anm. V, 4 (S. 594/595); *Menger*, Höchstrichterliche Rechtsprechung zum Verwaltungsrecht: Verw.Arch. Bd. 52 (1961), S. 196 f. (197).
⁴⁹ *Dürig*, Art. 2 des Grundgesetzes und die Generalermächtigung zu allgemeinpolizeilichen Maßnahmen: AöR Bd. 79 (1953/54), S. 57 ff. (77); vgl. auch Art. 1 Abs. 1 Herrenchiemseer Entwurf.
⁵⁰ *Dürig*, Art. 2 des Grundgesetzes und die Generalermächtigung zu allgemeinpolizeilichen Maßnahmen: AöR Bd. 79 (1953/54), S. 57 ff. (77).
⁵¹ *Schnorr*, Die Rechtsidee im Grundgesetz: AöR Bd. 85 (1960), S. 121 ff. (138).
⁵² *G. Jellinek*, Allgemeine Staatslehre, S. 427; Werner *Weber*, Das Richtertum in der deutschen Verfassungsordnung: Festschrift für Niedermeyer, S. 261 ff. (275); *Henke*, Die verfassungsgebende Gewalt des Deutschen Volkes, S. 17.

glieder alle von sich aus immer im rechten Zeitpunkt ihre Grundpflichten erfüllen würden. Da dies aber nicht der Fall ist, müssen sie dazu gezwungen werden können. Damit erschöpft sich allerdings schon der Bereich der Staatsgewalt als Verbandsgewalt: Er geht nur so weit, wie die Durchsetzung der Grundpflichtenerfüllung durch die Verbandsmitglieder und die Aufrechterhaltung des geordneten Verbandes und seine Weiterentwicklung es erfordern.

In diesem Rahmen ist die Staatsgewalt aber auch in ihrer eigentümlichsten Eigenschaft sichtbar, als Herrschaftsgewalt[53]; denn der Staat muß in der Lage sein, unbedingt Erfüllung der Grundpflichten verlangen und notfalls sich verschaffen zu können[54]. Um den Verband zu erhalten, muß der Staat die Macht haben, den stärksten Zwang auszuüben, also zu herrschen. Die Staatsgewalt als Verbandsgewalt ist daher Herrschaft im Sinne G. Jellineks[55], allerdings begrenzt durch den Zweck[56], den Verband Staat und seine Ordnung zu erhalten.

III. Der Begriff des allgemeinen Gewaltverhältnisses

Daher kann zusamenfassend das allgemeine Gewaltverhältnis dahin bestimmt werden: Es ist ein Herrschaftsverhältnis zwischen dem Staat als ganzem, also der ungeteilten Staatsgewalt, und dem Bürger. Sein Umfang wird durch die Grundpflichten (Verbandspflichten) der Bürger bestimmt. Die im allgemeinen Gewaltverhältnis bestehende Herrschergewalt findet ihre rechtliche Begrenzung in den Grundpflichten. Im allgemeinen Gewaltverhältnis ist der Staat daher nur insoweit zur Gewaltanwendung befugt, als dies zur Geltendmachung und Durchsetzung der allgemeinen Gehorsamspflicht der Ordnungs-, Polizei-, Finanz- und Dienstpflicht sowie der allgemeinen Wehrpflicht erforderlich ist.

Aus dieser begrifflichen Bestimmung des allgemeinen Gewaltverhältnisses und der entsprechenden Abgrenzung der in ihm gegebenen Befugnis zur Gewaltanwendung könnte allerdings die Meinung unterstützt werden, die eine Geltendmachung von Forderungen durch die Verwaltung als Teil des Staates im Wege des Leistungsbescheides unter Berufung auf das allgemeine Gewaltverhältnis für möglich hält. Zumindest kann nämlich die Befugnis zur Gewaltanwendung aus der Gehorsamspflicht geschlossen werden: Wenn jemand sich nicht entsprechend den normativen Bestimmungen verhält, verweigert er die Erfüllung der Gehorsamspflicht, die vom Staat erlassenen Gesetze zu befolgen. In der

---

[53] G. Jellinek, Allgemeine Staatslehre, S. 427 ff.
[54] G. Jellinek, System, S. 216.
[55] G. Jellinek, System, S. 215 ff.
[56] Eschenburg, Staat und Gesellschaft, S. 40/41.

Nichtbeachtung einer Norm oder auch allgemein anerkannten Rechtspflicht wäre ebenfalls eine Verletzung der Ordnungspflicht zu sehen. Sowohl die Gehorsamspflicht als auch die Ordnungspflicht können als Verbandspflichten aber mit Gewalt erzwungen werden.

§ 12. Das allgemeine Gewaltverhältnis im gewaltgliedernden Staat

Der Schluß, die Verwaltung könne die Herrschaftsgewalt im allgemeinen Gewaltverhältnis ausüben und anwenden, wäre in seiner Allgemeinheit nur zutreffend, wenn die Herrschaftsbefugnis in vollem Umfange der Verwaltung zustände, ein allgemeines Gewaltverhältnis also zwischen den Trägern öffentlicher Verwaltung und dem Bürger angenommen werden könnte.

Entsprechend dem in der Zeit des Aufkommens der Lehre vom allgemeinen und besonderen Gewaltverhältnis herrschenden Verständnisse des Staates und der Staatsverwaltung aus dem monarchischen Prinzip wurde früher allzu leicht der Staat mit dem Monarchen und der ihm unterstehenden Verwaltung identifiziert[1]. Mit der Durchführung des Gewaltgliederungsprinzips im Grundgesetz ist eine solche Auffassung allerdings nicht mehr haltbar.

A. Die Gliederung der Gewalt nach dem Grundgesetz

Nach Art. 20 Abs. 2 GG geht alle Staatsgewalt vom Volke aus. Sie wird vom Volke in Wahlen und Abstimmungen und durch besondere Organe der Gesetzgebung, der vollziehenden Gewalt und der Rechtsprechung ausgeübt. In dieser Grundgesetzbestimmung wird die Durchführung des Gewaltgliederungsprinzips gesehen[2]. Dieses Prinzip besagt, daß die unterschiedenen materiellen Gewalten je verschiedenen, einander gleichgeordneten Organen oder Organgruppen als den Gewalten im organisatorischen Sinne zu eigenständiger Wahrnehmung derart zugewiesen sind, daß — abgesehen von Ausnahmezuständen — keine dieser Gewalten legal über die gesamte Staatsgewalt zu verfügen vermag[3]. Es ist ein Organisationsprinzip[4], durch das die gegenseitige Kontrolle und Hemmung der Gewalten erreicht werden sollen, um die prinzipiell unbegrenzte Freiheit des einzelnen vor der prinzipiell begrenzten staat-

---

[1] Auch heute setzt der Umgangssprachgebrauch Regierung und Verwaltung mit dem Staate gleich.
[2] v. Mangoldt-Klein, Das Bonner Grundgesetz, Art. 20 Anm. V, 5 (S. 596); Maunz-Dürig, Grundgesetz, Art. 20 Rd.Nr. 85 und 74 ff.; Leibholz-Rinck, Grundgesetz, Art. 20 Rd.Nr. 16 (S. 240); Wolff I, § 16 (S. 60 ff.).
[3] Wolff I, § 16, II, b, 1 (S. 61/62).
[4] v. Mangoldt-Klein, Das Bonner Grundgesetz, Art. 20 Anm. V, 5 (S. 596/597).

lichen Macht zu schützen[5]. Das Grundgesetz unterscheidet in Art. 20 Abs. 2 und Art. 1 Abs. 3 Gesetzgebung, vollziehende Gewalt und Rechtsprechung, geht also von der Dreiteilung der Gewalt aus[6]. Jede der drei Gewalten soll die andere überwachen und hemmen. Dem dient eine vielfache Funktionsverzahnung[7] und Abhängigkeit der Gewalten[8] voneinander.

Gewaltentrennung und Gewaltenhemmung sind im Grundgesetz an mehreren Stellen geregelt[9]. In groben Zügen kommt die Gewaltenhemung bereits in Art. 20 Abs. 3 GG zum Ausdruck: Die Gesetzgebung ist in Abhängigkeit von der Verfassung gebracht, während vollziehende Gewalt und Rechtsprechung durch ihre Bindung an das Gesetz von der gesetzgebenden Gewalt abhängen. Aus Art. 19 Abs. 4 GG folgt sodann die Kontrolle der vollziehenden Gewalt durch die Gerichte[10], wodurch eine Einwirkungsmöglichkeit der Rechtsprechung auf deren Akte hergestellt ist[11].

B. Auswirkungen der Gewaltentrennung und der Gewaltenhemmung

Durch Gewaltentrennung und Gewaltenhemmung ist erreicht, daß keine Gewalt den Staat voll repräsentiert und die Vermutung der Alleinberechtigung zur Ausübung der Staatsgewalt für sich in Anspruch nehmen kann[12]. Für die Verwaltung besagt dies, daß sie mit der Staatsgewalt nicht identifiziert werden kann[13].

Hieraus ergeben sich wesentliche Folgerungen für die Bedeutung des allgemeinen Gewaltverhältnisses. Kommt nämlich der Verwaltung im

---

[5] C. *Schmitt*, Verfassungslehre, S. 126.
[6] *v. Mangoldt-Klein*, Das Bonner Grundgesetz, Art. 20 Anm. V, 5 b (S. 598/599); *Maunz-Dürig*, Grundgesetz, Art. 20 Rd.Nr. 58 ff. (74 ff., 76); zu den Bedenken gegen die Dreiteilung vgl. *Wolff* I, § 16, II (S. 61).
[7] *Wolff* I, § 16, II, c (S. 62).
[8] Vgl. die Beispiele bei *Wolff* I, § 16, III (S. 62/63); *v. Mangoldt-Klein*, Das Bonner Grundgesetz, Art. 20 Anm. V, 5, b (S. 599).
[9] Vgl. dazu *v. Mangoldt-Klein*, Das Bonner Grundgesetz, Art. 20 Anm. V, 5, b (S. 599).
[10] *v. Mangoldt-Klein*, Das Bonner Grundgesetz, Art. 19 Anm. VII, 2 (S. 571); *Jesch*, Gesetz und Verwaltung, S. 98 ff.
[11] Zu der Frage ob sich eine richterliche Überprüfung der Gesetzgebungsakte aus Art. 19 Abs. 4 GG ergibt; vgl. die gegensätzlichen Standpunkte bei *v. Mangoldt-Klein*, Das Bonner Grundgesetz, Art. 19 Anm. 7, VII, 2, d (S. 571) und *Maunz-Dürig*, Grundgesetz, Art. 19 Abs. 4 Rd.Nr. 18. Selbst wenn man nicht anerkennt, daß sich eine Kontrolle der Gesetzgebung durch die Rechtsprechung aus Art. 19 Abs. 4 GG ergibt, so läßt sie sich jedenfalls aus Art. 93 Abs. 1 Ziff. 2 und Art. 100 GG herleiten.
[12] *Evers*, Verfassungsrechtliche Bindungen fiskalischer Regierungs- und Verwaltungstätigkeit: NJW 60, S. 2073 (2074/2075).
[13] *Menger*, Höchstrichterliche Rechtsprechung zum Verwaltungsrecht: Verw.Arch. Bd. 52 (1961), S. 196 ff. (197).

gewaltteilenden Staate nur ein Teil der Staatsgewalt zur Ausübung und Anwendung zu, so kann man nicht sagen, daß ein allgemeines Gewaltverhältnis zwischen Verwaltung und Zivilperson besteht, weil ja das allgemeine Gewaltverhältnis das rechtliche Herrschaftsverhältnis ist, in welchem die Zivilperson der ungeteilten Staatsgewalt so weit unterworfen ist, wie ihre Grundpflichten reichen. Eine Herrschaftsbefugnis kann ohnehin nur dann aus dem allgemeinen Gewaltverhältnis entnommen werden, wenn eine Grundpflicht durchgesetzt oder geltend gemacht werden soll. Ist diese erste Voraussetzung gegeben, so muß im gewaltgliedernden Staate weiter gefragt werden, welches Organ der drei Gewalten für die Ausübung und Anwendung der Staatsgewalt gerade bei der Geltendmachung dieser bestimmten Grundpflicht funktionell zuständig ist.

Da der Staat als solcher die Staatsgewalt nicht anwenden kann, sondern zur Ausübung der Herrschaftsbefugnis auf die Organe einer der Gewalten und ihre Walter angewiesen ist, bleibt die Gewalt im allgemeinen Gewaltverhältnis rechtlich so lange unanwendbar, wie die Zuständigkeit eines solchen Organs nicht begründet ist. Daraus folgt, daß aus dem allgemeinen Gewaltverhältnis allein eine Befugnis zum hoheitlichen Handeln nicht hergeleitet werden kann. Es bedarf vielmehr allererst eines die Zuständigkeit begründenden Rechtssatzes — Verfassungsrechtssatzes oder Gesetzes —.

§ 13. Das allgemeine Gewaltverhältnis und die Gesetzmäßigkeit der Verwaltung

Mit der Erfüllung der beiden Voraussetzungen, daß die Zuständigkeit der Verwaltung zur Geltendmachung einer Grundpflicht gegeben ist, ist keineswegs der Weg dafür frei, aus dem allgemeinen Gewaltverhältnis auf eine Befugnis der Verwaltung zur Ausübung und Anwendung der öffentlichen Gewalt im konkreten Falle zu schließen. Dem steht das Prinzip der Gesetzmäßigkeit der Verwaltung entgegen.

A. Gesetzmäßigkeit der Verwaltung, Gesetzesvorrang und Gesetzesvorbehalt

Nach Art. 28 Abs. 1 GG ist die Bundesrepublik ein Rechtsstaat. Eines der wesentlichen Elemente der Rechtsstaatlichkeit ist der Grundsatz der Gesetzmäßigkeit der Verwaltung[1]. Dieser Grundsatz besagt zweierlei:

---

[1] *Maunz-Dürig*, Grundgesetz, Art. 20 Rd.Nr. 124; *v. Mangoldt-Klein*, Das Bonner Grundgesetz, Art. 20 Anm. VI (S. 601); *Wolff* I, §§ 11, II, b (S. 40 ff.) u. 30 (S. 138 f.).

Eine Vollzugsmaßnahme darf nicht gegen Gesetze oder andere allgemein geltende Rechtssätze verstoßen (Vorrang des Gesetzes) und eine Vollzugsmaßnahme muß auf ein Gesetz zurückführbar sein (Vorbehalt des Gesetzes)[2].

Im Grundgesetz hat in Art. 20 Abs. 3 lediglich der Grundsatz vom Vorrang des Gesetzes Ausdruck gefunden, wenn dort eine Bindung der vollziehenden Gewalt und der Rechtsprechung an Gesetz und Recht positiviert wird[3]. Seit Otto *Mayer*[4] ist allerdings auch der Grundsatz des Gesetzesvorbehalts, vor allem in der Form des Eingriffsvorbehalts, als Ausfluß der Rechtsstaatlichkeit im deutschen Recht allgemein anerkannt[5]. Zumindest ergibt sich jedoch der Gesetzesvorbehalt aus den in den Grundrechten selbst enthaltenen verfassungsrechtlichen Regelungsvorbehalten[6]. Durch den Vorrang des Gesetzes wird erreicht, daß die Verwaltung in allen Handlungen an die bestehenden Gesetze und die auf Grund eines Gesetzes ergangenen Rechtssätze so gebunden ist, daß sie sich mit diesen nicht in Widerspruch setzen darf[7]. Damit ist der Gesetzgebung die Möglichkeit gegeben, den Tätigkeitsbereich der Verwaltung so weit einzuengen, als dies nicht den Kernbereich der Verwaltung verletzt. Daher kann man von einer Herrschaft des Gesetzes über die Verwaltung sprechen[8]. Dämmt der Vorrang des Gesetzes die Verwaltungstätigkeit nur ein, so ist nach dem Prinzip des Gesetzesvorbehalts Ver-

---

[2] *Maunz-Dürig*, Grundgesetz, Art. 20 Rd.Nr. 126 ff.; *Wolff* I, § 30 (S. 137 ff.) spricht von Gesetzmäßigkeit im negativen Sinne und positiven Sinne, wobei der erste Begriff dem Vorrang des Gesetzes, der zweite dem Vorbehalt des Gesetzes entspricht; vgl. auch *Peters*, Verwaltung ohne gesetzliche Ermächtigung?: Festschrift für Hans Huber, S. 206 ff. (209); *Jesch*, Gesetz und Verwaltung, S. 29, 108 ff.

[3] *Maunz-Dürig*, Grundgesetz, Art. 20 Rd.Nr. 128; *Jesch*, Gesetz und Verwaltung, S. 190. Mit Recht weist Jesch darauf hin, daß mehr aus der Formulierung des Art. 20 Abs. 3 GG nicht zu entnehmen sei. Wollte man auch den Vorbehalt des Gesetzes aus dieser Verfassungsbestimmung herleiten, so könnte es sich allenfalls um einen Totalvorbehalt handeln, durch den der Verwaltung jegliche Eigenständigkeit genommen würde. Daß dies aber mit dem deutschen Recht nicht vereinbar ist, haben überzeugend *Wolff* und *Peters* nachgewiesen; vgl. *Wolff* I, § 17, IV am Ende (S. 66/67); *Peters*, Verwaltung ohne gesetzliche Ermächtigung?: Festschrift für Hans Huber, S. 206 ff. (209 f., 220); *Peters*, Die Verwaltung als eigenständige Staatsgewalt, S. 15 ff.; auch *Bullinger*, Vertrag und Verwaltungsakt, S. 93 ff.; *Ule*, Über das Verhältnis von Verwaltungsstaat und Rechtsstaat: Staats- und Verwaltungswissenschaftliche Beiträge, S. 127 ff. (156).

[4] Otto *Mayer*, Deutsches Verwaltungsrecht, S. 65 ff. (69/70).

[5] *Maunz-Dürig*, Grundgesetz, Art. 20 Rd.Nr. 128.

[6] Schon *Maunz-Dürig*, Grundgesetz, Art. 20 Rd.Nr. 70 und 128; neuerdings ausführlich: *Vogel*, Gesetzgeber und Verwaltung: VVDStL Heft 24 (1966), S. 125 ff. (150/151).

[7] *Wolff* I, § 30, II (S. 139 ff.).

[8] *Jesch*, Gesetz und Verwaltung, S. 103.

§ 13. Allg. Gewaltverhältnis und Gesetzmäßigkeit der Verwaltung

waltungstätigkeit rechtmäßig erst möglich, wenn ein Gesetz oder ein auf Gesetz zurückführbarer Rechtssatz die Verwaltung dazu ermächtigt. Ob der Gesetzesvorbehalt für alle Handlungen der vollziehenden Gewalt gilt, ist Gegenstand heftiger Auseinandersetzungen[9]. Unbestritten ist jedenfalls, daß der Vorbehalt des Gesetzes für die Eingriffsverwaltung als sogenannter Eingriffsvorbehalt unbedingt gilt[10]. Das bedeutet, daß alle Eingriffe in die Rechts- und Freiheitssphäre der natürlichen und juristischen Personen unmittelbar oder mittelbar formell-gesetzlicher Ermächtigung bedürfen. Hinsichtlich der Eingriffsverwaltung besteht daher eine totale Herrschaft des Gesetzes über die Verwaltung und damit zugleich eine Herrschaft der Gesetzgebung über die vollziehende Gewalt[11].

B. Folgerungen aus dem Prinzip der Gesetzmäßigkeit der Verwaltung für das allgemeine Gewaltverhältnis

Aus dem Prinzip der Gesetzmäßigkeit der Verwaltung folgt also eine zweifache Abhängigkeit der Organe der vollziehenden Gewalt (insbes. der Verwaltung) von den Organen der Gesetzgebung (der Parlamente). Die Verwaltung kann im Bereich ihrer Zuständigkeit wegen des Vorranges des Gesetzes von der Herrschaftsbefugnis der Staatsgewalt im allgemeinen Gewaltverhältnis nur so weit rechtlichen Gebrauch machen, also Herrschaft ausüben, wie sie den gesetzlichen Rahmen einhält. Sie ist also durch die Gesetze in der Gewaltausübung beschränkt oder doch beschränkbar: Die von Rechts wie von Staats wegen zulässige Betätigung der vollziehenden Gewalt endet an Gesetz und Recht[12]. Innerhalb dieses Rahmens kann sie jedoch nicht ohne weiteres öffentliche Gewalt ausüben. Wir haben gesehen, daß Ausübung öffentlicher Gewalt durch Verwaltungsakt — dies wurde beim Leistungsbescheid besonders deutlich — wegen dessen (potentieller) Letztverbindlichkeit eine immanente Eingriffswirkung hat[13]. Durch den Vorbehalt des Gesetzes in seiner besonderen Ausprägung als Eingriffsvorbehalt ist die Verwaltung daher ge-

---

[9] Zu den unterschiedlichen Standpunkten vgl.: *Wolff* I, § 30, II, c (S. 143) und § 17, IV (S. 66); *Peters*, Die Verwaltung als eigenständige Staatsgewalt, S. 15 ff.; *Forsthoff*, Urteilsanmerkung: DVBl. 57, S. 724—726; *Jesch*, Gesetz und Verwaltung, S. 171 ff. (175, 204); *Rupp*, Verwaltungsakt und Vertragsakt: DVBl. 59, S. 81—87; *Rupp*, Grundfragen, S. 113 ff.; *Vogel*, Gesetzgeber und Verwaltung: VVDStL Heft 24 (1966), S. 125 ff. (150 ff.).

[10] *Wolff* I, § 30, III, a und b (S. 143/144).

[11] *Jesch*, Gesetz und Verwaltung, S. 103/104.

[12] *Weyreuther*, Die Gesetzesbindung der Verwaltung und ihre Grenzen: DVBl. 64, S. 893 ff. (897).

[13] Vgl. oben § 6, A.

hindert, öffentliche Gewalt auszuüben, wenn sie dazu nicht durch Gesetz oder auf Grund eines Gesetzes ermächtigt ist.

Das allgemeine Gewaltverhältnis gibt also unter den Voraussetzungen, daß die Verwaltung im Verhältnis zu den anderen Gewalten zuständig ist und daß eine Grundpflicht geltend gemacht werden soll, nur die Befähigung zu einer bestimmten Handlungsweise, nämlich der Einseitigkeit. Es kann wegen des Eingriffsvorbehalts aber niemals Ermächtigung zu verbindlichem Handeln sein. Die Befugnis zu hoheitlichem Handeln muß deshalb ein Gesetz gewähren.

§ 14. Zusammenfassung und Folgerungen

A. Die Bedeutungslosigkeit des allgemeinen Gewaltverhältnisses für das Verwaltungsrecht

Das allgemeine Gewaltverhältnis ist ein Herrschaftsverhältnis zwischen dem Staat als ungeteilter Staatsgewalt und der Zivilperson. Sein Umfang wird durch die Grundpflichten (Verbandspflichten) der Zivilpersonen bestimmt. Daraus folgt, daß die Befugnis, durch Befehl und Zwang Gewalt anzuwenden, im allgemeinen Gewaltverhältnis nur zu dem Zweck besteht, die Grundpflichten geltend zu machen und ihre Erfüllung durchzusetzen.

Die Staatsgewalt kann infolge des Gewaltgliederungsprinzips allerdings nur durch besondere Organe der einzelnen Gewalten ausgeübt, also nur durch sie wirksam werden. Da aber aus demselben Grunde keine dieser Gewalten über die Staatsgewalt in all ihren Funktionen insgesamt verfügt, kann ein allgemeines Gewaltverhältnis zwischen einer Teilgewalt und der Zivilperson nicht bestehen. Es ist daher auch in den Beziehungen zwischen der Verwaltung und der Zivilperson ein allgemeines Gewaltverhältnis nicht anzunehmen. Das allgemeine Gewaltverhältnis ist also für das Verhältnis zwischen Verwaltung und Zivilperson bedeutungslos, weil es die rechtliche Qualifizierung der Beziehungen zwischen der gesamten Staatsgewalt und der Zivilperson auf Grund der Verfassungslage ist. Es ist eine Institution des Verfassungs- und Staatsrechts und entbehrt für das Verwaltungsrecht der Konkretheit. Daher kann aus dem allgemeinen Gewaltverhältnis eine Befugnis der Verwaltung zur Ausübung der Staatsgewalt durch einseitiges und verbindliches Handeln generell nicht entnommen werden, und es ist auch nicht möglich, in ihm eine „traditionelle Ermächtigung"[1] für die Tätigkeit der Verwaltung zu sehen.

---

[1] *Scheuner*, Das Wesen des Staates und der Begriff des Politischen: Festgabe für Smend, S. 225 ff. (227/228 Fußnote 9).

§ 14. Zusammenfassung und Folgerungen

B. Die Unterscheidung zwischen Befähigung und Befugnis

Nun bleibt aber das allgemeine Gewaltverhältnis dennoch nicht ohne jede Wirkung für das Verwaltungsrecht. Wird nämlich die Verwaltung für die Geltendmachung einer Grundpflicht zuständig, so wird das (abstrakte) allgemeine Gewaltverhältnis in eine verwaltungsrechtliche Kategorie umgewandelt. Denn, daß hinsichtlich der Grundpflichten ein Gewaltverhältnis besteht, ist unbezweifelbar. Würde dies geleugnet, so wären dem Staate die Grundlagen entzogen[2]. Das durch die Transformation entstandene Gewaltverhältnis ist aber nicht mehr identisch mit dem allgemeinen Gewaltverhältnis, sondern eine konkrete verwaltungsrechtliche Beziehung zwischen einem Träger öffentlicher Verwaltung und einer Zivilperson.

Dennoch kann aus dem durch die Zuständigkeit der Verwaltung entstandenen verwaltungsrechtlichen Gewaltverhältnissen noch immer nicht auf eine Befugnis zum hoheitlichen Handeln im Einzelfall geschlossen werden. Die Zuständigkeit betrifft nämlich allein die organisationsrechtliche Frage, wie die Wahrnehmungszuständigkeit[3] der Verwaltung von den Wahrnehmungszuständigkeiten der anderen Gewalten (Rechtsprechung und Gesetzgebung) abgegrenzt ist. Sie ist im Verhältnis zu den anderen Organen anderer Gewalten „Kompetenz", da sie das sachliche Gebiet kennzeichnet, auf dem die Organe der Verwaltung überhaupt tätig werden dürfen, und sie berechtigt, auf diesem Gebiet tätig zu werden[4]. Die sachliche Zuständigkeit gibt also nur über die Kompetenzverteilung unter den Organen der verschiedenen Gewalten Auskunft. Für die Beziehungen der Verwaltung zu den Zivilpersonen kann daraus allerdings geschlossen werden, daß die zuständige Verwaltung sich in einem Gewaltverhältnis mit diesen befindet, wenn die Zuständigkeit die Wahrnehmung eines Rechtes des Staates aus dem allgemeinen Gewaltverhältnis (also das Recht auf Erfüllung einer Grundpflicht, z. B. der Finanzpflicht) betrifft, und daß das so entstandene verwaltungsrechtliche Gewaltverhältnis nicht weiter reicht, als für die Geltendmachung der jeweiligen Grundpflicht erforderlich ist. Wenn nämlich feststeht, welche der Gewalten für die Wahrnehmung einer Kompetenz oder Durchführung einer Aufgabe[5] zuständig und damit dazu im Verhältnis zu den anderen Gewalten auch berechtigt und verpflichtet ist, so ist daraus

---

[2] Werner *Weber*, Das Richtertum in der deutschen Verfassungsordnung: Festschrift für Niedermeyer, S. 261 ff. (275); *Forsthoff*, Verfassungsprobleme des Sozialstaats, S. 5.

[3] *Wolff*, Organschaft und Juristische Person, Bd. 2, S. 236; *Wolff* II, § 72, I, b, 2 (S. 10).

[4] *Wolff* II, § 72, II, a (S. 12); *Forsthoff*, Lehrbuch, § 22, 2, c (S. 394); *Nawiasky*, Allgemeine Rechtslehre, S. 163.

[5] Zum Begriff der Aufgabe vgl. *Wolff* II, § 72, II, b, 1 (S. 12/13).

keineswegs auch der Schluß darauf möglich, welche Rechte dieser Gewalt gegenüber dem einzelnen Bürger gegeben sind[6]. Andernfalls würde aus einer organisatorischen Regelung im Bereich des Staates eine Regelung der Beziehungen zwischen dem Staat und der Zivilperson entnommen.

Dies ist freilich nur dann ganz verständlich, wenn man sich der Unterscheidung zwischen der strukturellen Befähigung zu einseitigem Handeln durch Befehl und Zwang und der rechtlichen Befugnis, von dieser Befähigung Gebrauch zu machen, bewußt ist. Mit der Zuständigkeit der Verwaltung zur Geltendmachung einer Grundpflicht und der Umwandlung des abstrakten allgemeinen Gewaltverhältnisses in eine verwaltungsrechtliche Beziehung ist der Verwaltung die Befähigung zu einseitigem Handeln durch Befehl und Zwang gegeben; denn diese Befähigung folgt aus dem Gewaltverhältnis. Insofern korrespondieren Zuständigkeit und Befähigung zur Ausübung öffentlicher Gewalt. Die rechtliche Befugnis, von dieser Befähigung Gebrauch zu machen, also das Recht, sich hoheitlich gegenüber der Zivilperson zu verhalten, steht allerdings wegen der immanenten Eingriffswirkung eines jeden Verwaltungsaktes belastenden Inhalts der Verwaltung nur zu, wenn sie durch Gesetz oder auf Grund eines Gesetzes dazu ermächtigt ist.

Zwischen Zuständigkeit für die Durchführung einer Aufgabe oder die Wahrnehmung eines Rechts, der aus ihr folgenden Befähigung zu hoheitlichem Handeln und der Befugnis, die Aufgaben mit hoheitlichen Mitteln zu erfüllen, ist also streng zu unterscheiden[7].

Aus diesen Überlegungen folgt wiederum, daß unter dem Grundgesetz, in dem die Prinzipien der Gewaltgliederung und der Gesetzmäßigkeit der Verwaltung durchgeführt sind, der Verwaltung kein „Eigenbereich"[8] mehr zukommt, in dem sie befugt wäre, von sich aus die öffentliche Gewalt in den Formen von Befehl und Zwang auszuüben und anzuwenden[9].

---

[6] *v. Wick*, Kompetenzwahrnehmung im Bereich der Bundesregierung, Diss. jur. Münster 1957, S. 24 f.

[7] *Wolff* II, § 72, II, b, 3 (S. 13); *Forsthoff*, Lehrbuch, § 22, 2, c (S. 394); *Menger*, Die Bestimmung der öffentlichen Verwaltung nach den Zwecken, Mitteln und Formen des Verwaltungshandelns: DVBl. 60, S. 297 (299); *F. Mayer*, Das verfassungsrechtliche Gebot der generellen Ermächtigung: Festschrift für Nottarp, S. 187 ff. (195). Die Unterscheidung zwischen Aufgabe und Befugnis wird besonders im bayerischen Polizeirecht erkenntlich; vgl. dazu *König*, Allgemeines Sicherheits- und Polizeirecht in Bayern, Vorbem. zu Art. 2 und 3 PAG (S. 273): „Durch die Aufgabenzuweisung wird der Polizei noch keine Befugnis verliehen und Rechtseingriffe lassen sich ... aus der ... übertragenen Aufgabe (nicht) herleiten"; *Renck*, Verwaltungsakt und Gesetzesvorbehalt: JuS 65, S. 129 (130).

[8] *Jesch*, Gesetz und Verwaltung, S. 98; *Köhl*, Zur Frage der besonderen Gewaltverhältnisse: ZBR 57, S. 121 f. (122); *Köttgen*, Die gegenwärtige Lage der deutschen Verwaltung: DVBl. 57, S. 441 ff. (444).

[9] *Forsthoff*, Lehrbuch, 6. Aufl., S. 253: „Es gibt kein allgemeines Befehls- und Zwangsrecht."

Über ihre sachliche Zuständigkeit (Kompetenz) im Verhältnis zu den anderen Gewalten wie über ihre Befugnis, im Rahmen dieser Kompetenz in die Rechts- und Freiheitssphäre des einzelnen einzugreifen, entscheidet die Gesetzgebung. Wenigstens, soweit Handlungen der Verwaltung in diesen Bereich des einzelnen eingreifen, steht der Verwaltung ein eigenständiges Recht zur Ausübung und Anwendung der Staatsgewalt — eine allgemeine Verfügungsgewalt[10] also — nicht zu. Wie nämlich die Verwaltung ihre demokratische Legitimation über die Volksvertretung empfängt, erlangt sie die Befugnis zu rechtlich verbindlichem Handeln — also auch für den Erlaß von Verwaltungsakten — gegenüber dem Bürger erst vom Gesetzgeber[11].

C. Folgerungen für die Geltendmachung von Forderungen

Aus dem allgemeinen Gewaltverhältnis kann eine rechtliche Grundlage für die hoheitliche Geltendmachung von Forderungen durch den Erlaß eines Leistungsbescheides nicht entnommen werden.

Die Befähigung zu einseitigem Handeln ist der Verwaltung strukturell überhaupt nur gegeben, wenn zwischen ihr und dem einzelnen ein Gewaltverhältnis besteht. Das ist dort der Fall, wo die Verwaltung für die Geltendmachung von Grundpflichten zuständig ist; denn dann wird das durch die Grundpflichten nach Inhalt und Umfang bestimmte allgemeine Gewaltverhältnis aus einer verfassungs- bzw. staatsrechtlichen, für das Verwaltungsrecht bedeutungslosen, Kategorie in ein verwaltungsrechtliches Gewaltverhältnis umgewandelt. Da Schadensersatz- und Erstattungsansprüche sowie Ansprüche aus verwaltungsrechtlichen Verträgen, die dem Staate zustehen, kein Ausfluß der Grundpflichten des Bürgers sind, sondern Ansprüche, mit denen der Staat an der allgemeinen Gerechtigkeitsordnung teilnimmt, kann nicht einmal eine Befähigung der Verwaltung zu ihrer hoheitlichen Geltendmachung angenommen werden. Es fehlt nämlich schon mangels ausdrücklicher gesetzlicher Regelung an einem Gewaltverhältnis, das nur hinsichtlich der Grundpflichten aus dem allgemeinen Gewaltverhältnis durch dessen Umwandlung gewonnen werden kann. Anders ist es mit den aus den allgemeinen Finanzpflichten abgeleiteten Ansprüchen des Staates auf Abgabenleistungen. Im Hinblick auf diese ist das allgemeine Gewaltverhältnis durch die Zuständigkeit der Verwaltung (Finanzverwaltung) zu einem verwaltungsrechtlichen Gewaltverhältnis geworden. Daher ist die Verwaltung auch befähigt, einseitig durch hoheitlichen Befehl zu handeln.

---

[10] *Friesenhahn*, Die rechtsstaatlichen Grundlagen des Verwaltungsrechts: Recht — Staat — Wirtschaft, 2. Bd., S. 239 ff. (248).
[11] *Jesch*, Gesetz und Verwaltung, S. 171 f.; *Menger*, Höchstrichterliche Rechtsprechung zum Verwaltungsrecht: Verw.Arch., Bd. 52 (1961), S. 196 ff. (197).

Eine Befugnis zur hoheitlichen Geltendmachung dieser Forderungen muß allerdings wegen der immanenten Eingriffswirkung eines jeden Leistungsbescheides infolge des verfassungsrechtlichen Grundsatzes des Eingriffsvorbehaltes durch ein Gesetz oder auf Grund eines Gesetzes eingeräumt sein.

Gerade das Abgabenrecht ist geeignet, die Richtigkeit der entwickelten Gedanken zu stützen. So kennt z. B. das deutsche Steuerrecht schon viele Jahre in §§ 210, 211, 212 RAO eine umfassende gesetzliche Regelung zur Geltendmachung von Abgabeforderungen durch Leistungsbescheid. Aber auch auf anderen Rechtsgebieten sind Ermächtigungen zur hoheitlichen Geltendmachung von Forderungen bekannt. Es soll der Hinweis auf das Erstattungsgesetz vom 18. April 1937, auf §§ 35 ff. und 48 ff. OWiG und § 205 BEG genügen.

Fünftes Kapitel

Das besondere Gewaltverhältnis als rechtliche Grundlage für den Erlaß von Leistungsbescheiden

Das allgemeine Gewaltverhältnis kann — wie die vorhergehenden Darlegungen gezeigt haben — als rechtliche Grundlage für eine hoheitliche Geltendmachung von Forderungen aller Art nicht herangezogen werden. Die gegen eine solche Anwendung des allgemeinen Gewaltverhältnisses bestehenden Bedenken scheinen dagegen hinsichtlich des besonderen Gewaltverhältnisses nicht von Gewicht zu sein. So ist das besondere Gewaltverhältnis von vornherein eine konkrete Beziehung zwischen dem Staate und dem einzelnen, also ein Gewaltverhältnis, aus dem sich die Befähigung der Verwaltung ergibt, im Einzelfalle einseitig zu handeln. Es entfällt somit die Frage nach der zur Ausübung hoheitlicher Gewalt erforderlichen Zuständigkeit, weil diese ipso iure mit der Begründung des besonderen Gewaltverhältnisses gegeben ist. Weiterhin scheint auch dem Grundsatz des Gesetzesvorbehalts nicht im gleichen Maße Rechnung getragen werden zu müssen, wie beim allgemeinen Gewaltverhältnis. Der im besonderen Gewaltverhältnis Befindliche muß nämlich ohnehin gewisse Einschränkungen seiner Grundrechte hinnehmen, soweit dies für das Bestehen bzw. Funktionieren des besonderen Gewaltverhältnisses erforderlich ist[1].

Die Frage, ob die Einbezogenheit in ein besonderes Gewaltverhältnis aber wirklich einen solchen Status des einzelnen hervorbringt, daß ihm die Zahlung auf Geldforderungen einseitig durch hoheitlichen Befehl auferlegt werden darf, kann nur beantwortet werden, wenn Klarheit über den Umfang des besonderen Gewaltverhältnisses besteht.

§ 15. Begriff und Wesen des besonderen Gewaltverhältnisses

Für die Untersuchung von Begriff und Wesen des besonderen Gewaltverhältnisses in unserem Zusammenhange soll vorwiegend das Beamtenverhältnis als das typische besondere Gewaltverhältnis[2] herange-

---

[1] Vgl. zu den einzelnen Meinungen zuletzt: *Leuschner*, Das Recht der Schülerzeitungen, S. 34 ff.

[2] *Ule*, Das besondere Gewaltverhältnis: VVDStL Heft 15 (1957), S. 133 ff. (135).

zogen werden, weil das Institut des besonderen Gewaltverhältnisses an diesem entwickelt wurde[3] und im öffentlichen Dienstrecht Schadensersatz- und Erstattungsansprüche des Staates gegen den einzelnen ausdrücklich normiert sind[4]. Wie die große Zahl der in der letzten Zeit ergangenen gerichtlichen Entscheidungen zeigt[5], ist die Geltendmachung von Forderungen im öffentlichen Dienstrecht von besonderer Bedeutung.

A. Die Besonderheit eines Gewaltverhältnisses

Eine Besonderheit kann nur im Vergleich zu einer Allgemeinheit festgestellt werden. Ein Gewaltverhältnis ist also dann ein besonderes, wenn es kein allgemeines ist. Ein besonderes Gewaltverhältnis liegt daher zumindest schon dann vor, wenn es nicht jedermann erfaßt, sondern nur einige, im Verhältnis zur Allgemeinheit wenige Personen.

Diese Unterscheidung allein vermag aber keine rechtlichen Kriterien für die Unterscheidung von allgemeinem und besonderem Gewaltverhältnis zu geben. Rechtlich von Bedeutung ist dagegen die Erkenntnis, daß das allgemeine Gewaltverhältnis — wie es in der Rechtswissenschaft verstanden ist — jedermann im Bereich des Staates erfaßt und dessen Verhältnis zur gesamten Staatsgewalt zum Inhalt hat. Es wird freilich als Gewaltverhältnis, als Verhältnis der Über-/Unterordnung nicht empfunden, da es abstrakt ist. Die Staatsgewalt kann erst wirksam werden, wenn der Zustand der Abstraktheit überwunden ist und ein konkretes Gewaltverhältnis zwischen den Organen einer Teilgewalt und dem einzelnen entstanden ist. Ein solches Gewaltverhältnis ist im Vergleich zu dem allgemeinen ein besonderes, weil es nicht mehr zur gesamten Staatsgewalt besteht, sondern gegenüber einer Teilgewalt[6], und nicht mehr alle in einem Staatsgebiet befindlichen Personen erfaßt, sondern nur bestimmte einzelne. Es ist besonderes Gewaltverhältnis auch, weil es eines besonderen Begründungsaktes bedarf, mag dieser auf Gesetz oder Verwaltungsakt beruhen oder in einer freiwilligen Unter-

---

[3] Vgl. *Laband*, Das Staatsrecht des Deutschen Reiches, Bd. 1, § 15, 1 (S. 141), insbes. § 44 (S. 433 ff.); Otto *Mayer*, Deutsches Verwaltungsrecht, Bd. 1, S. 101.

[4] Vgl. zum Schadenersatzanspruch: §§ 46 BRRG, 78 BBG, 84 LBG NW, 24 SoldG; zum Erstattungsanspruch: §§ 53 BRRG, 87 BBG, 98 LBG NW.

[5] Vgl. die oben in I. Kapitel, § 3 Anm. 4 und 5 zitierte Rechtsprechung des Bundesverwaltungsgerichts und anderer Verwaltungsgerichte.

[6] Dies ist offensichtlich auch die Terminologie von E. *Kaufmann* in seinem Artikel „Verwaltung, Verwaltungsrecht": WBDStVR, S. 688 ff., wenn er schreibt (S. 710): „Nur soweit die ‚öffentliche Verwaltung' eine Verfügungsgewalt erhalten hat und damit ‚besondere Gewaltverhältnisse' zu bestimmten Subjekten geschaffen sind,..."; vgl. auch *Kahn*, Das besondere Gewaltverhältnis im öffentlichen Recht, S. 12.

§ 15. Begriff und Wesen des besonderen Gewaltverhältnisses 85

werfung zu sehen sein[7]. Demgegenüber existiert das allgemeine Gewaltverhältnis automatisch mit der Entstehung des Staates als Verband.

Geht man zur Bestimmung des besonderen Gewaltverhältnisses von diesen Kriterien aus, so ist jedes konkrete Gewaltverhältnis zwischen Organen der Verwaltung und dem einzelnen immer ein besonderes[8].

B. Das Merkmal der verschärften Abhängigkeit

Rechtswissenschaft und Rechtsprechung sprechen von einem besonderen Gewaltverhältnis nicht in dem eben gefundenen Sinne, sondern verstehen unter diesem Begriff — nach der klassischen Formulierung Otto *Mayers* — „die verschärfte Abhängigkeit, welche zugunsten eines bestimmten Zweckes öffentlicher Verwaltung begründet wird für alle einzelnen, die in den vorgesehenen besonderen Zusammenhang treten"[9]. An dieser Begriffsbestimmung hat sich bis heute kaum etwas geändert[10]. Zu den besonderen Gewaltverhältnissen werden das Verhältnis, in dem sich Beamte und Soldaten zur Staatsgewalt befinden, die verschiedenen Anstaltsverhältnisse und Mitgliedschaftsverhältnisse bei gewissen öffentlich-rechtlichen Körperschaften gezählt[11].

Für unsere Problematik lautet die Fragestellung, ob die „verschärfte Abhängigkeit" im besonderen Gewaltverhältnis dazu führt, daß dieses Grundlage für eine Geltendmachung von Forderungen, insbesondere von Schadensersatz- und Erstattungsforderungen durch Leistungsbescheid sein kann. Um diese Frage zu beantworten, bedarf es der Untersuchung der weiteren Frage, was unter der „verschärften Abhängigkeit" zu verstehen ist, und wie weit sie reicht. Sicherlich kann man nicht der These zustimmen, sie sei darin zu sehen, daß der einzelne im besonderen Gewaltverhältnis einer „besonderen Gewalt" ausgesetzt sei[12], denn eine besondere Gewalt gibt es nicht, wie es auch keine allgemeine Gewalt gibt. Eine Gewalt oder besser gesagt die Staatsgewalt, kann nur allgemein oder besonders wirken. Nun haben wir gesagt, daß im allgemeinen Ge-

---

[7] *Wolff* I, § 32, IV, 3 (S. 163).
[8] Dies ist offensichtlich die Meinung von *Kaufmann* und *Kahn* (vgl. Anm. 6).
[9] Otto *Mayer*, Deutsches Verwaltungsrecht, Bd. 1, S. 101.
[10] *Forsthoff*, Lehrbuch, § 7, A, 1 (S. 116); *Köhl*, Die besonderen Gewaltverhältnisse im öffentlichen Recht, S. 35; *Obermayer*, Verwaltungsakt und innerdienstlicher Rechtsakt, S. 86.
[11] *Wolff* I, § 32, IV, 3 (S. 163); zu den besonderen Gewaltverhältnissen muß wohl auch das Verhältnis der Steuerüberwachung gerechnet werden, vgl.: Otto *Mayer*, Deutsches Verwaltungsrecht, Bd. 1 (S. 354); *Jacobi*, Die Verwaltungsverordnungen: HdBDStR, Bd. 2, S. 255 ff. (256); wohl auch *Bühler*, Finanzgewalt im Wandel der Verfassungen: Festschrift für Thoma, S. 1 ff. (8).
[12] *Krüger*, Das besondere Gewaltverhältnis: VVDStL Heft 15 (1957), S. 109 ff. (113).

waltverhältnis die Staatsgewalt überhaupt nicht wirken kann, da das allgemeine Gewaltverhältnis abstrakt sei. Erst wenn ein konkretes Gewaltverhältnis entstanden sei, komme die Staatsgewalt rechtlich zur Wirkung. Diese Aussage bedarf insofern der Korrektur, als auch in dem abstrakten allgemeinen Gewaltverhältnis die Staatsgewalt Wirkungen zeigt; sie sind nur nicht rechtlicher Natur, sondern bestehen darin, daß der einzelne, um die Anwendung der Staatsgewalt in concreto gegen sich zu vermeiden, in den meisten Fällen sich korrekt verhält und nach Möglichkeit die Setzung eines Sachverhalts vermeidet, der zu einer Begründung eines konkreten Gewaltverhältnisses führt, in welchem die Staatsgewalt rechtliche Wirkungen entfalten könnte.

In einem konkreten Gewaltverhältnis, das wir oben im Gegensatz zum allgemeinen als besonderes gekennzeichnet haben, entfaltet die Staatsgewalt allerdings besondere, nämlich rechtliche Wirkungen. Diese sind aber mit einem einzigen konkreten Zweck verbunden, z. B. die öffentliche Sicherheit und Ordnung wiederherzustellen oder die Gesetzesbefolgung zu erzwingen. Ist dieses Ziel erreicht, dann erlischt das Gewaltverhältnis, da es gegenstandslos geworden ist. Das besondere Gewaltverhältnis, wie es z. B. im Beamtenverhältnis zu sehen ist, ist demgegenüber ein Gewaltverhältnis, das auf Dauer angelegt ist[13]. Es erlischt nicht wegen Zweckerreichung, wenn ein Befehl ergangen und dieser befolgt ist. In ihm besteht fortwährend eine Gehorsamspflicht gegenüber einer beliebigen Zahl von Befehlen. Das besondere Gewaltverhältnis ist durch eine allgemein bestimmte Zielsetzung, nicht durch einen konkreten Zweck bestimmt. Daher sind die in ihm ergehenden Befehle und die diesem entsprechenden Pflichten nicht von vornherein festlegbar; sie folgen vielmehr aus dem jeweils bestehenden, von der Staatsgewalt zu erreichenden Ziel[14]. In der Dauer der konkreten Gewaltunterworfenheit, der Verschiedenartigkeit der Leistungen und der Vielfalt der Pflichten liegt letztlich der Grund dafür, von der Verflochtenheit in das besondere Gewaltverhältnis als von einem Status[15] zu sprechen. Wegen der Eigentümlichkeit dieser Rechtsbeziehungen ist es richtiger, sie „Sonderverhältnis"[16] zu nennen, und geradezu irreführend, wenn sie als besonderes

---

[13] *Obermayer*, Verwaltungsakt und innerdienstlicher Rechtsakt, S. 86; *Thieme*, Die besonderen Gewaltverhältnisse: DöV 56, S. 521 f. (522).

[14] *Wolff* II, § 99, IV, b, 3 (S. 271): „Kennzeichnend für solche besonderen öffentlich-rechtlichen Rechtsstellungen ist ihre enge zweckhafte Verbundenheit zur öffentlichen Gewalt und die Unaufzählbarkeit der mit dieser Rechtsstellung gegebenen (potentiellen) Pflichten und Rechte, die weder hinsichtlich der Erforderlichkeit noch hinsichtlich der Intensität der Vergünstigungen oder der Eingriffe im voraus genau vorherzusehen und festzulegen sind." Vgl. auch *Thieme*, Die besonderen Gewaltverhältnisse: DöV 56, S. 521 f. (522).

[15] *Wolff* I, § 32, IV, c, 3 (S. 163).

[16] *Wolff* I, § 32, IV, c, 3 (S. 163).

§ 16. Die Gewaltbeschränkung im besonderen Gewaltverhältnis

Gewaltverhältnis bezeichnet werden; denn jedes Gewaltverhältnis, das konkret zwischen dem einzelnen und dem Staate besteht, ist — im Vergleich zu dem abstrakten allgemeinen Gewaltverhältnis — ein besonderes, das aber noch keinen Status begründet. Im weiteren soll aber an dem Begriff besonderes Gewaltverhältnis festgehalten werden, da er sich eingebürgert hat und zum festen Begriffsbestand in Rechtswissenschaft und Rechtsprechung gehört.

In Anbetracht der umfassenden Abhängigkeit des Gewaltunterworfenen im besonderen Gewaltverhältnis liegt der Schluß nahe, daß auch Forderungen, die im Rahmen eines besonderen Gewaltverhältnisses entstehen, durch einseitigen Befehl geltend gemacht werden können.

§ 16. Die Beschränkung der Gewaltausübung im besonderen Gewaltverhältnis

A. Die Gewaltbeschränkung durch den Zweck des besonderen Gewaltverhältnisses

Das besondere Gewaltverhältnis umfaßt — dies wird wiederum bei dem Beamtenverhältnis besonders deutlich — zwei Sphären, das Betriebs- und das Grundverhältnis[1]. Das Betriebsverhältnis kann im Dienstrecht als Organwalterverhältnis bezeichnet werden, weil es das Verhältnis zwischen dem Staat und dem Beamten als Organwalter ist, soweit es dem organschaftlichen Funktionsablauf dient[2]; ihm steht das Beamtenverhältnis[3] gegenüber. Betriebsverhältnis und Grundverhältnis stehen allerdings nicht beziehungslos nebeneinander. Das Grundverhältnis soll allererst die Eingliederung in den Betrieb ermöglichen[4] und verschafft dem ins besondere Gewaltverhältnis Tretenden die Stellung, die er haben muß, um im Betriebsverhältnis tätig sein zu können, Glied (arbeitendes oder zu bearbeitendes[5]) des Verwaltungsapparates zu werden. Aus der Eigenart beider Verhältnisse und ihrer Beziehung zueinander ergeben sich Umfang und Grenzen der Befähigung und Befugnis, Gewalt auszuüben.

---

[1] *Ule*, Das besondere Gewaltverhältnis: VVDStL Heft 15 (1957), S. 133 ff. (151 f.).

[2] *Rupp*, Grundfragen, S. 34; *Rupp* spricht von einem Innenrechtsverhältnis.

[3] *Wolff*, Urteilsanmerkung: JZ 53, S. 88; *Wolff* I, § 46, VII, a (S. 270); am klarsten ist wohl die Unterscheidung von Amtsstellung und Grundverhältnis, vgl. *Wolff* II, § 73, III (S. 33 f.) und § 109, I, b (S. 393 f.).

[4] Vgl. dazu *Ule*, Das besondere Gewaltverhältnis: VVDStL Heft 15 (1957), S. 133 ff. (151 Fußnote 71).

[5] *Fleiner*, Institutionen, S. 166.

I. Die Grenzen der Gewaltausübung im Betriebsverhältnis

Im Betriebsverhältnis ist die Möglichkeit des Herrn des besonderen Gewaltverhältnisses, einseitige Regelungen zu treffen, am umfangreichsten und am wenigsten begrenzt. Die Gewaltunterworfenheit soll ja gerade dazu dienen, das „Schaltgetriebe"[6] der Verwaltung in Gang zu halten. Dazu müssen ihr alle Machtbefugnisse gegeben sein, denn anders ist sie nicht in der Lage, staatliches Handeln durch Organwalter erreichen und koordinieren zu können. Andererseits endet diese umfassende Befugnis zu einseitigem Handeln dort, wo das Betriebsverhältnis endet; d. h. sie geht nur so weit, wie es — z. B. im Beamtenrecht — der organschaftliche Funktionsablauf erfordert. Allgemein gesprochen besteht im Betriebsverhältnis kein Weisungsrecht, kein Befehlsrecht mehr, wenn dies die besondere Stellung des Gewaltunterworfenen und der Zweck dieser Stellung nicht erlaubt. Ein darüber hinausgehender Befehl würde das Grundverhältnis betreffen, da er die Stellung des Gewaltunterworfenen im Betriebsverhältnis verändert[7].

II. Die Grenzen der Gewaltausübung im Grundverhältnis

Im Grundverhältnis ist die Möglichkeit der Gewaltausübung von vornherein dadurch beschränkt, daß es nur der Regelung der Stellung des Gewaltunterworfenen dient, wie sie das Betriebsverhältnis erfordert. Während das Betriebsverhältnis unmittelbar der Erreichung des besonderen, mit dem Gewaltverhältnis verbundenen staatlichen Zweckes dient, hat das Grundverhältnis im besonderen Gewaltverhältnis eine Hilfsfunktion; nämlich die Voraussetzungen für das Funktionieren des Betriebsverhältnisses zu erreichen. Nur deshalb besteht das Grundverhältnis, und daher haben die in ihm ergehenden Befehle Eingriffscharakter, weil sie immer die rechtliche Stellung des Gewaltunterworfenen verändern. Der Befehl im Betriebsverhältnis setzt eine bestimmte Stellung voraus, der Befehl im Grundverhältnis schafft diese allererst. Dies gilt sowohl hinsichtlich des Organwalterverhältnisses wie hinsichtlich aller anderen Gewaltverhältnisse. Auch der Schüler erhält seine Stellung im Betriebsverhältnis durch das Grundverhältnis. Er kann nur — um mit *Fleiner* zu sprechen — „zu bearbeitendes Glied" der Verwaltung sein, wenn er seiner Leistungsfähigkeit entsprechend eingestuft ist.

---

[6] *Kellner*, Gerichtlicher Rechtsschutz im besonderen Gewaltverhältnis: DöV 63, S. 418 ff. (426).
[7] So ist es z. B. in dem von W. *Jellinek*, Buchbesprechung: DVBl. 52, S. 707 konstruierten Fall, daß einem Oberregierungsrat befohlen wird, für den Behördenchef ein Glas Bier zu holen; denn er wird nicht als Oberregierungsrat eingesetzt, sondern als Laufbursche. Dies entspricht aber nicht seiner im organschaftlichen Funktionsablauf vorgesehenen Stellung. Daher besteht ein solches Befehlsrecht nicht. Vgl. dazu *Wolff* I, § 46, VII (S. 271).

§ 16. Die Gewaltbeschränkung im besonderen Gewaltverhältnis

Die Befähigung zur Gewaltausübung im besonderen Gewaltverhältnis ist also zweifach vom Zweck der besonderen Gewaltunterworfenheit her begrenzt, wenn man das Betriebsverhältnis und das Grundverhältnis in Betracht zieht. Im Grundverhältnis endet die Befähigung zur Gewaltausübung dort, wo sein Zweck endet, den Gewaltunterworfenen in eine für den Zweck des Betriebsverhältnisses erforderliche Stellung zu bringen. Dagegen findet die Befähigung zur Gewaltausübung im Betriebsverhältnis ihre rechtliche Grenze dort, wo ein Befehl für das Funktionieren des konkreten Sachbereichs nicht mehr erforderlich ist, im Beamtenrecht z. B., wenn er dem organschaftlichen Funktionsablauf nicht mehr dient[8].

B. Die Beschränkung der Gewaltausübung durch den Gesetzesvorbehalt

Die im vorhergehenden gewonnenen Grenzen der Befähigung zur Gewaltausübung durch den Zweck des besonderen Gewaltverhältnisses, bzw. durch den Zweck, wie er durch die beiden Teilverhältnisse präzisiert ist, ist notwendig theoretischer Natur, da der Zweck eines besonderen Gewaltverhältnisses nicht von vornherein bestimmbar ist. Anders ist es bei dem allgemeinen Gewaltverhältnis, weil dessen Zweck durch einen bestimmten Kreis von Grundpflichten sich umreißen läßt. Die theoretische Einschränkung der Befähigung zur Gewaltausübung hat gleichwohl ihren Wert, wenn man bei einzelnen besonderen Gewaltverhältnissen nach ihrer immanenten Gewaltbegrenzung fragt[9]. Bei dem allgemeinen Gewaltverhältnis hatten wir gesehen, daß die intern (innerhalb des Staates) bestehende Zuständigkeitsverteilung zwar die Befähigung der Verwaltung zur Gewaltausübung grundsätzlich ergab. Der Befugnis, dieser Befähigung gemäß jederzeit die Gewalt auszuüben und anzuwenden, steht jedoch im konkreten Falle das Prinzip der Gesetzmäßigkeit der Verwaltung in seiner Ausgestaltung als Eingriffsvorbehalt entgegen. Weil z. B. ein Leistungsbescheid wegen seiner immanenten Eingriffswirkung immer die Rechtssphäre des Adressaten beeinträchtigt, muß ein Gesetz seine Anwendung erlauben.

Da die Gewaltausübung im besonderen Gewaltverhältnis in ihren Voraussetzungen strukturell sich von der im allgemeinen Gewaltverhältnis nicht unterscheidet, begegnet uns hier eine gleiche Situation, wobei das Problem der Zuständigkeit allerdings nicht mehr die Rolle spielt wie im allgemeinen Gewaltverhältnis. Mit aller Deutlichkeit besteht

---

[8] Zu den objektiven Grenzen der Gewaltausübung vgl. *Schnorr*, Handeln auf Befehl: JuS 63, S. 293 ff. (299).

[9] *Leuschner*, Das Recht der Schülerzeitungen, S. 48/49 spricht ähnlich von einer Begrenzung durch den „präzisierten Zweckgedanken".

aber die Frage, ob die Befähigung zur Gewaltausübung auch im besonderen Gewaltverhältnis durch den Gesetzesvorbehalt beschränkt wird.

I. Die Geltung des Gesetzesvorbehaltes im besonderen Gewaltverhältnis in der konstitutionellen Staatsrechtslehre

Für die konstitutionelle Staatsrechtslehre konnte der Gesetzesvorbehalt für das zum staatlichen Innenraum[10] gehörende besondere Gewaltverhältnis nicht gelten. Ihre Grundlage fand diese Lehre in dem von ihr angenommenen engen historisch-konventionellen Rechtssatzbegriff. Rechtssatz im materiellen Sinne war nämlich entweder eine Anordnung, die der Abgrenzung der Befugnisse und Pflichten der einzelnen Subjekte gegeneinander — also nicht ihrer inneren Ordnung — dient[11], oder eine Anordnung, die der persönlichen Freiheit im allgemeinen und dem Privateigentum insbesondere „Maß und Schranken" setzt, also Freiheit und Eigentum betrifft[12]; d. h. die Beziehungen des Staatsbürgers zum Staate regelt. Nach der ersten Definition war im besonderen Gewaltverhältnis kein Raum für eine rechtliche Regelung, da es im Innenraum des Staates an Rechtspersonen fehlt, zwischen denen eine Schrankenziehung möglich wäre. Dem zweiten Rechtssatzbegriff zufolge war das besondere Gewaltverhältnis einer rechtlichen Regelung unzugänglich, weil der in ihm Befindliche dem Staat nicht als Bürger, sondern Beamter, Soldat, Schüler usw. gegenübersteht. Damit wurde das besondere Gewaltverhältnis zum rechtsfreien[13] Innenraum, in dem der Vorbehalt des Gesetzes nicht gelten konnte.

II. Die Geltung des Gesetzesvorbehaltes im besonderen Gewaltverhältnis unter der geltenden Verfassungslage

Mit dem Wandel der Verfassung von der konstitutionellen Monarchie zum demokratischen und sozialen Rechtsstaat ist jede Grundlage für die Annahme eines rechtsfreien besonderen Gewaltverhältnisses verloren gegangen[14]. Wollte man trotzdem auf einem solchen rechtsfreien Raum

---

[10] *Thoma*, Der Vorbehalt der Legislative und das Prinzip der Gesetzmäßigkeit von Verwaltung und Rechtsprechung: HdBDStR Bd. 2, S. 221 ff. (223).

[11] *Laband*, Das Staatsrecht des Deutschen Reiches, 2. Bd., S. 168.

[12] *Anschütz*, Die gegenwärtigen Theorien über den Begriff der gesetzgebenden Gewalt und den Umfang des königlichen Verordnungsrechts nach preußischem Staatsrecht, S. 169.

[13] Otto *Mayer*, Deutsches Verwaltungsrecht, S. 284; *Laband*, Das Staatsrecht des Deutschen Reiches, 2. Bd., S. 168; über die Entwicklung zum rechtsfreien Raum vgl. *Rupp*, Grundfragen, S. 26 ff.

[14] *Jesch*, Gesetz und Verwaltung, S. 210.

§ 16. Die Gewaltbeschränkung im besonderen Gewaltverhältnis

beharren, so wäre tatsächlich eine „Lücke im Rechtsstaat"[15] geblieben. Eine derartige Annahme ist allerdings mit dem modernen Rechtssatzbegriff nicht mehr aufrecht zu erhalten. So ist der Rechtssatz im sozialen Rechtsstaat nicht mehr Schranke des staatlichen Dürfens, sondern auch Schranke des staatlichen Müssens[16]. Gerade auf dem Gebiet der immer stärker um sich greifenden Leistungsverwaltung wird durch die rechtssatzmäßige Festlegung der staatlichen Leistungspflichten der Verwaltung die Möglichkeit gegeben, sich gegenüber den in gleichem Maße zunehmenden Forderungen der Zivilpersonen auf ihr begrenztes Leistenmüssen zu berufen[17]. Nach *Wolff* betreffen denn auch alle Rechtssätze Verpflichtungen oder Berechtigungen, indem sie diese begründen, beseitigen oder sonstwie mittelbar oder unmittelbar beeinflussen[18]. Danach sind auch die die besonderen Gewaltverhältnisse abstrakt und generell regelnden Anordnungen als Rechtssätze anzusehen[19]. Heute dürfte kein Zweifel mehr daran bestehen, daß das besondere Gewaltverhältnis durchrechtlicht ist[20]. Wenn es aber zum Rechtsbereich gehört, so muß auch im besonderen Gewaltverhältnis der Vorbehalt des Gesetzes gelten.

Dieser Schluß gilt allerdings nicht uneingeschränkt. Es ist hier vielmehr wiederum zu unterscheiden zwischen Grund- und Betriebsverhältnis. Im Grundverhältnis gilt der Gesetzesvorbehalt unbeschränkt, da durch Befehle, die mit verbindlicher Kraft in seinem Rahmen ergehen, in die geschützte Rechtssphäre des Gewaltunterworfenen eingegriffen wird. Denn sie sollen gerade den im besonderen Gewaltverhältnis Stehenden in eine Stellung bringen, die seine Pflichterfüllung im Betriebsverhältnis erst ermöglicht[21]. Im Betriebsverhältnis ist dagegen der einzelne in einer Stellung, die bereits durch eine vorherige Einschränkung seiner Grundrechte spezifisch transformiert ist. Die innerdienstlichen Weisungen wenden sich zwar nicht an einen technisch-mechanischen Teil des Beamten, dem ein personell-individueller Teil[22], der im Betriebsverhältnis ausgeschaltet ist, gegenübersteht; gleichwohl ist der einzelne im Hinblick auf

---

[15] *Forsthoff*, Lehrbuch, § 7, 1 (S. 118).
[16] *Menger*, Rechtssatz, Verwaltung und Verwaltungsgerichtsbarkeit: DöV 55, S. 587 f. (588).
[17] *Menger*, ebenda; *Forsthoff*, Urteilsanmerkung: DVBl. 57, S. 724 f. (725).
[18] *Wolff* I, § 24, II, 1 (S. 98/99).
[19] *Wolff* I, § 25, VIII (S. 111/112).
[20] Vgl. die Berichte und Diskussionsbeiträge der Staatsrechtslehrertagung: VVDStL Heft 15 (1957), S. 109 ff., insbesondere *Ule*, Das besondere Gewaltverhältnis, ebenda, S. 133 ff. (144/145); auch: *Jesch*, Gesetz und Verwaltung, S. 207 ff.; F. *Mayer*, Buchbesprechung: DöV 66, S. 733.
[21] So erfolgen z. B. Versetzungen, damit der Beamte einen neuen Aufgabenbereich übernehmen, Beförderungen, damit er in dem Aufgabenbereich evtl. eine leitende oder entscheidende Funktion bekleiden kann usw.
[22] Gegen eine solche „Zerlegung" des Beamten auch *Rupp*, Grundfragen, S. 25.

das Betriebs- bzw. Organwalterverhältnis nicht im vollen Besitz seiner persönlichen Rechte, so daß er in ihnen auch nicht beeinträchtigt werden kann[23]. Daher hätte im Betriebsverhältnis der Gesetzesvorbehalt keinen Sinn[24].

§ 17. Zusammenfassung und Folgerungen

A. Die Begrenztheit der Befehlsbefugnis im besonderen Gewaltverhältnis

Im Gegensatz zu dem allgemeinen Gewaltverhältnis ist das besondere Gewaltverhältnis ein konkretes Rechtsverhältnis. Inhalt und Zahl der möglichen Befehle und die Gehorsamspflicht des in ihm Gewaltunterworfenen sind von vornherein aber nicht festlegbar; sie folgen vielmehr aus dem jeweils bestehenden, von der Staatsgewalt zu erreichenden besonderen Zweck. Wegen der Dauer der Gewaltunterworfenheit, der Verschiedenartigkeit der Leistungen und der Vielfalt der Pflichten kann man davon sprechen, daß mit dem Eintritt in ein besonderes Gewaltverhältnis ein besonderer Status begründet wird. Deshalb wäre es auch richtiger, von einem verwaltungsrechtlichen Sonderverhältnis zu sprechen.

Aus der Konkretheit des besonderen Gewaltverhältnisses folgt, daß sein Herr auch konkret befähigt ist, öffentliche Gewalt durch einseitige Anordnungen, Befehle, auszuüben und anzuwenden. Trotz des Sonderstatus des Gewaltunterworfenen ist die Befähigung des Gewaltherrn, im besonderen Gewaltverhältnis Gewalt auszuüben, nicht unbeschränkt. Sie ergibt sich im Betriebsverhältnis aus dessen Zweck, einen bestimmten Status des einzelnen in den für das Betriebsverhältnis erforderlichen zu transformieren. Diese — theoretischen — Grenzen müssen jeweils nach dem Zweck eines jeden besonderen Gewaltverhältnisses bestimmt werden.

Eine allgemeine Schranke der Befähigung zur Gewaltausübung folgt allerdings aus dem Prinzip des Gesetzesvorbehalts. Dieses gilt im besonderen Gewaltverhältnis ebenso wie im allgemeinen, da jenes unter dem Grundgesetz nicht mehr als rechtsfreier Raum angesehen werden kann. Da der Gesetzesvorbehalt seinen Sinn nur darin hat, den einzelnen

---

[23] *Wolff* I, § 46, VII, a (S. 269/270).

[24] Es wird nicht übersehen, daß damit praktisch das Grundverhältnis dem allgemeinen Gewaltverhältnis gleichgestellt wird. Es bestehen jedoch erhebliche Unterschiede: Der wichtigste ist, daß das Grundverhältnis konkret ist. Von den konkreten einfachen besonderen Gewaltverhältnissen unterscheidet es sich zudem durch seine dauernde Wirkung.

Die Unterscheidung nach der Geltung des Gesetzesvorbehalts bedeutet auch keineswegs, daß nunmehr das Betriebsverhältnis das eigentliche besondere Gewaltverhältnis oder gar rechtsfrei sei. Über das Organwalterverhältnis als Innenrechtsverhältnis vgl. *Rupp*, Grundfragen, S. 19 ff., insbes. S. 33 f.

§ 17. Zusammenfassung und Folgerungen 93

vor einem Eingriff in seine persönliche Rechtssphäre zu schützen, gilt er nur im Grundverhältnis. Im Betriebsverhältnis können die persönlichen Rechte des einzelnen nicht mehr beeinträchtigt werden, da die für das Funktionieren des Betriebsverhältnisses erforderliche Rechtseinschränkung und damit Rechtsbeeinträchtigung schon im Grundverhältnis vorgenommen worden ist.

B. Folgerungen

Im allgemeinen Gewaltverhältnis scheitert die Geltendmachung von Forderungen, die nicht Abgabenforderungen sind, durch Leistungsbescheid an der mangelnden Konkretheit des Gewaltverhältnisses. Da die eine Forderung normierenden Rechtssätze lediglich ein Forderungsververhältnis zwischen dem Staat (bzw. der Verwaltung) und dem einzelnen herstellen, konnte mit einer solchen Norm auch nicht eine Konkretisierung des allgemeinen Gewaltverhältnisses angenommen werden.

Diese Schwierigkeit besteht im besonderen Gewaltverhältnis nicht, da dieses der Verwaltung immer — sowohl im Betriebs- als auch im Grundverhältnis — die konkrete Befähigung zur Gewaltausübung gibt. Wird also ein Rechtsverhältnis zwischen dem so Gewaltunterworfenen und dem Staat als Forderungsverhältnis geregelt, so steht daneben immer das konkrete Gewaltverhältnis, aus dem sich das Recht zur Gewaltanwendung ergibt. Es liegt daher der Schluß nahe, daß Schadensersatz- und Erstattungsansprüche auf Grund des konkreten besonderen Gewaltverhältnisses hoheitlich durch Leistungsbescheid geltend gemacht werden könnten.

An diesem Punkt spielt aber die Begrenzung der Befehlsbefähigung nach dem Zweck eine ausschlaggebende Rolle[1]. Die Schadensersatz- und Erstattungsansprüche des Staates gegen seine Beamten oder Soldaten gehören materiell nicht dem Beamten- bzw. Soldatenrecht an, sondern sind dem Haushaltswesen zuzurechnen[2]. Sie haben nichts mit dem Wesen und dem institutionellen Zweck[3] des Beamten- bzw. Soldatenverhält-

---

[1] Zur Veranschaulichung der Problematik wird auf das Beamten- bzw. allgemein das öffentliche Dienstverhältnis zurückgegriffen, weil dies dazu wegen seiner Typizität besonders geeignet ist.

[2] *Wacke*, „Leistungsbescheide" gegen Beamte: DöV 66, S. 311 ff. (314); *Dietlein*, Die Geltendmachung: NJW 64, S. 1946 ff. (1948); *Brand*, Das Deutsche Beamtengesetz, 2. Aufl., S. 368; vgl. auch die amtliche Begründung zum Erstattungsgesetz, abgedruckt bei *Heuser-Kobel*, Erstattungsgesetz, S. 14; OVG Hamburg U. 14. 1. 65 — Bf II 20/64 —: ZBR 65, S. 394 (395); vgl. auch *Buckert*, Heranziehung eines Beamten: ZBR 67, S. 1 ff. (2); dies verkennt *Weingart*, Leistungsbescheide gegen Beamte wegen Eigenschäden: DöV 67, S. 289 ff.

[3] *Dietlein*, Die Geltendmachung: NJW 64, S. 1946 ff. (1948) weist treffend darauf hin, daß der Beamte oder Soldat insoweit nicht als „persönliches Mit-

nisses zu tun, den organschaftlichen Funktionsablauf zu ermöglichen. Daher fehlt schon vom Zweck dieser besonderen Gewaltverhältnisse her die Befähigung des Dienstherrn zur Anwendung öffentlicher Gewalt zur Geltendmachung von Forderungen. Dies erkennt das Bundesverwaltungsgericht grundsätzlich an, wenn es etwa sagt: „Steht der Anspruch der vollziehenden Gewalt gegen eine Person zu, die ihr *bezüglich des Anspruches* auf Grund einer Rechtsnorm gewaltunterworfen ist, so ist die vollziehende Gewalt befugt, den Anspruch hoheitlich zu verwirklichen[4]." Das Gericht führt diesen Gedanken nur nicht konsequent zu Ende; sonst hätte es nach der Feststellung, daß die Beamten und Soldaten hinsichtlich der gegen sie gerichteten Schadensersatz- und Erstattungsansprüche eben nicht gewaltunterworfen sind, eine hoheitlich Geltendmachung durch Leistungsbescheid verneinen müssen[5].

Positiv kann man die Begrenzung der Befähigung zur Gewaltausübung durch den Zweck so ausdrücken: Die Verwaltung kann — auch im Rahmen des besonderen Gewaltverhältnisses — gesetzlich oder sonst rechtssatzmäßig begründete Pflichten des einzelnen nur durch Befehl geltend machen, wenn gerade die Geltendmachung von Forderungen zum Inhalte oder doch mit zum Inhalte des besonderen Gewaltverhältnisses gehört. So ist es z. B. bei den Verhältnissen der Steuerüberwachung, denn sie dient allein der Erreichung des Ziels, die Erfüllung der Finanzpflichten zu erreichen.

Wollte man entgegen der entwickelten Ansicht aber die Zahlung von Schadensersatz- und Erstattungsansprüchen zu den im besonderen Gewaltverhältnis gegründeten Pflichten rechnen und sie daher als vom Zweck des besonderen Gewaltverhältnisses mit umfaßt ansehen, so bliebe doch als ein weiteres Hindernis für die Anwendung hoheitlicher Gewalt zur Geltendmachung dieser Forderungen der Gesetzesvorbehalt bestehen. Zur Verdeutlichung des Problems sei nochmals darauf hingewiesen, daß die Regelung eines Rechtsverhältnisses als Gewaltverhältnis — sei es als einfaches konkretes oder als besonderes Gewaltverhältnis — keinen weiteren Inhalt hat, als daß der eine Teil strukturell dem anderen übergeordnet ist, ihm also von der Struktur des Rechtsverhältnisses her die Fähigkeit verliehen ist, einseitig befehlend zu handeln. Da aber der

---

tel" der Verwaltung angesprochen wird, sondern wie jeder Bürger als Objekt des Verwaltungshandelns; vgl. auch OVG Koblenz U. 11. 3. 64 — 2 A 13/64 —: DVBl. 64, S. 931 f.; OVG Hamburg U. 14. 1. 65 — Bf II 20/64 —: ZBR 65, S. 394 f.

[4] BVerwG U. 28. 6. 65 — VIII C 10/65 —: DVBl. 66, S. 145 f. (Hervorhebungen vom Verfasser); vgl. auch BVerwG U. 24. 6. 66 — VI C 183/62 —: BayVBl. 66, S. 387—389, das eine Geltendmachung durch Leistungsbescheid von der „subordinationsrechtlichen Natur der Geldschuld" abhängig macht.

[5] Vgl. auch *Menger*, Höchstrichterliche Rechtsprechung zum Verwaltungsrecht: Verw.Arch. Bd. 57 (1966), S. 377 ff. (378, 381).

auf Grund hoheitlicher Gewalt ergehende Befehl wegen seiner (potentiellen) Verbindlichkeit eine immanente Eingriffswirkung hat, setzt die Befugnis im Einzelfall, von dieser Befähigung Gebrauch zu machen, voraus, daß ein (materielles und formelles) Gesetz den Eingriff durch die einseitige Handlung gestattet. Da das besondere Gewaltverhältnis die Geltung des Gesetzesvorbehalts nicht aufhebt, ist nach einer Ermächtigung zur hoheitlichen Geltendmachung von Forderungen im besonderen Gewaltverhältnis ebenso zu fragen wie im allgemeinen. Soweit es eine solche — anders als z. B. im öffentlichen Dienstrecht[6] — nicht gibt, vermag auch am Rahmen eines besonderen Gewaltverhältnisses eine Forderung nicht mit hoheitlichen Mitteln geltend gemacht zu werden. Denn das besondere Gewaltverhältnis gibt dazu keine Befugnis. Anders ist es nur, wenn das besondere Gewaltverhältnis gerade auf die Geltendmachung von Forderungen angelegt ist, es also den Zweck hat, Forderungen hoheitlich geltend zu machen. In diesem Falle folgen die Befähigung zu hoheitlichem Handeln und die Befugnis dazu aus dem dieses besondere Gewaltverhältnis begründenden Rechtssatz[7].

---

[6] Vgl. das Erstattungsgesetz vom 18. April 1937 (BGBl. 1951, I, S. 109).
[7] Zu beachten ist, daß die Verwaltungsvollstreckungsgesetze dazu nicht ausreichen, vgl. oben § 9, B, I; § 10, C.

Sechstes Kapitel

Die Ermächtigung zum Erlaß von Leistungsbescheiden in der gegenwärtigen Rechtslage

Im Gange der vorhergehenden Erörterungen hat sich gezeigt, daß weder das allgemeine noch das besondere Gewaltverhältnis Grundlage für eine hoheitliche Geltendmachung von Forderungen durch Leistungsbescheid sein können. Dies folgt aus der klaren Unterscheidung zwischen Forderungs- und Gewaltverhältnis einerseits und der rechtlichen Fähigkeit zu einseitiger Ausübung von Gewalt und der Befugnis zur Anwendung dieser Fähigkeit im Einzelfalle andererseits. Nur wenn ein konkretes einfaches oder besonderes Gewaltverhältnis vorliegt, ist die Verwaltung zu einseitigem Handeln durch Befehl rechtlich befähigt; im Einzelfalle dazu befugt ist sie allerdings wegen der immanenten Eingriffswirkung einer jeden Verfügung — also auch des Leistungsbescheides — erst, wenn sie dazu ermächtigt ist. Dies ist eine Auswirkung des Grundsatzes vom Gesetzesvorbehalt.

§ 18. Die Ermächtigung auf Grund allgemeinen Rechtsgrundsatzes oder Gewohnheitsrechts

Angesichts des offensichlichen Mangels einer gesetzlichen Grundlage für die Geltendmachung von Forderungen durch Leistungsbescheid hat man versucht, eine rechtliche Grundlage in einem „allgemeinen Rechtsgrundsatz des deutschen Verwaltungsrechts"[1] zu finden oder eine gewohnheitsrechtliche Befugnis zum Erlaß von Verwaltungsakten insbesondere eines Leistungsbescheides anzunehmen[2].

---

[1] BVerwG U. 17. 9. 64 — II C 147/61 —: NJW 65, S. 458 ff. = BVerwGE Bd. 19, S. 243 f. (244); BVerwG U. 28. 6. 65 — VIII C 10/65 —: DVBl. 66, S. 145.

[2] BVerwG U. 17. 9. 64 — II C 147/61 —: NJW 65, S. 458—462 = BVerwGE Bd. 19, S. 243 f. (244); wohl auch OVG Münster U. 19. 7. 62 — I A 672/61 —: DVBl. 63, S. 187—189; VG Koblenz U. 22. 11. 63 — 2 K 302/60 —: DVBl. 64, S. 935—936, nimmt im Grunde nichts anderes an, wenn es eine Ermächtigung im Bereich der genuin hoheitlichen Eingriffsverwaltung als in dem gesetzlichen Verwaltungsauftrag eingeschlossen sieht; auch *Rupp*, Der Schadensersatz- und Regreßanspruch: DVBl. 63, S. 577 ff. (580/581); *Spanner*, Urteilsanmerkung: DöV 63, S. 29.

§ 18. Allgemeiner Rechtsgrundsatz oder Gewohnheitsrecht

A. Die Nichtableitbarkeit der Befugnis zum Erlaß von Verwaltungsakten aus einem allgemeinen Rechtsgrundsatz

Die Vorstellung, es entspreche einem allgemeinen Rechtsgrundsatz des deutschen Verwaltungsrechts, daß der Verwaltung erlaubt sei, jederzeit Verwaltungsakte zu erlassen, setzt voraus, daß es einen solchen Rechtsgrundsatz überhaupt gibt. Allgemeine Rechtsgrundsätze sind unmittelbare Ableitungen aus dem Rechtsprinzip hinsichtlich solcher allgemeinen und typischen Situationen und Interessenlagen, die lediglich bedingt sind durch die Existenz einer Vielheit von Menschen[3]. Die Annahme eines allgemeinen Rechtsgrundsatzes des genannten Inhalts scheitert danach schon an der unmittelbaren Ableitbarkeit aus dem Rechtsprinzip, daß dem jeweils objektiv wertvolleren menschlichen Interesse der Vorzug zu geben ist[4]. Dies betrifft nämlich materielle Rechte; die Befugnis, Verwaltungsakte zu erlassen, gehört dagegen dem Verfahrensrecht an, das bis auf die Ausnahme des rechtlichen Gehörs nach Zweckmäßigkeitsgesichtspunkten jederzeit wandelbar ist. Schon die Bezeichnung als allgemeiner Rechtsgrundsatz des deutschen Verwaltungsrechts ist in sich widersprüchlich, da allgemeine Rechtsgrundsätze an der Wurzel der gesamten Rechtsordnung stehen, mithin für alle Arten des Rechts gelten.

Wenn es wirklich einen Rechtsgrundsatz des Inhalts, daß die Verwaltung jederzeit zum Erlaß von Verwaltungsakten befugt sei, geben sollte, so kann dieser allenfalls „besonderer Rechtsgrundsatz" sein, weil er auf eine deutliche Interessenlage innerhalb raum-zeitlicher besonderer Lebensverhältnisse abgestellt ist[5]. Solche Rechtsgrundsätze sind aber nicht unabänderlich, sondern mit den zugrunde liegenden Ordnungsvorstellungen und Interessenlagen wandelbar[6]. Mit dem Untergang der konstitutionellen Monarchie und der Veränderung der Verfassungslage, die zu einer strikten Bindung der Eingriffsverwaltung an Gesetz und Recht und zur konsequenten Durchführung des Gewaltteilungsprinzips geführt hat, wäre einem Rechtsgrundsatz des genannten Inhalts der Boden entzogen. Daher kann für die derzeitige Verfassungslage von einem solchen Rechtsgrundsatz nicht mehr gesprochen werden.

---

[3] *Wolff*, Rechtsgrundsätze und verfassungsrechtliche Grundentscheidungen als Rechtsquellen: Gedächtnisschrift für W. Jellinek, S. 33 ff. (39); *Wolff* I, § 25, I, a (S. 101).

[4] *Wolff*, Über die Gerechtigkeit als principium iuris: Festschrift für Sauer, S. 103 ff. (112).

[5] *Wolff*, Rechtsgrundsätze und verfassungsgestaltende Grundentscheidungen als Rechtsquellen: Gedächtnisschrift für W. Jellinek, S. 33 ff. (40); *Wolff* I, § 25, I, a, 2 (S. 102).

[6] *Wolff* I, § 25, I, a, 2 (S. 102).

B. Die Nichtableitbarkeit der Befugnis zum Erlaß von Verwaltungsakten aus Gewohnheitsrecht

Auch für eine gewohnheitsrechtliche Befugnis zum Erlaß von Verwaltungsakten ist unter der vom Grundgesetz geschaffenen Verfassungslage kein Raum mehr. Denn mit der Erkenntnis, daß jedem Verwaltungsakt belastenden Inhalts eine immanente Eingriffswirkung zukommt, ist die Konsequenz aus dem Gesetzesvorbehaltsprinzip zu ziehen, daß die Verwaltung zum Erlaß eines solchen Verwaltungsakts einer gesetzlichen Ermächtigung bedarf. In ihr Gegenteil verkehrt werden die Dinge, wenn man versucht[7], die „Pflicht und das Recht" der Verwaltungsbehörden, Verwaltungsakte zu erlassen, aus einem „zahlreichen einzelnen, gesetzlichen ausdrücklichen Ermächtigungen, nur eben nicht allgemein in einer positiv-rechtlichen Verfahrensregelung erfaßten Satz des Gewohnheitsrechts" herzuleiten. Dieser Versuch ist deswegen bedenklich, weil aus vielen speziellen Vorschriften zwar ein allgemeiner Gedanke hergeleitet werden, bzw. als diesen zugrunde liegend erschlossen werden kann. Damit ist aber noch nicht der Beweis erbracht, daß es sich dabei um Gewohnheitsrecht handelt. Begrifflich setzt Gewohnheitsrecht eine lange Zeit hindurch andauernde gleichmäßige und allgemeine Übung voraus, wobei die Beteiligten von der rechtlichen Gebotenheit oder Gewährung ausgehen, ohne daß ein ausdrückliches hoheitliches Gebot sie zu diesem Verhalten verpflichtet[8]. Für eine solche Übung kann sich aber nichts anführen lassen. Im Gegenteil bestehen seit langem etwa im Erstattungsgesetz vom 18. April 1937 und in §§ 210, 211, 212 RAO, vor allem auch in §§ 14, 40 PVG klare Ermächtigungsgrundlagen auch für die Art und Weise staatlichen Handelns. Wenn nämlich jemals der Erlaß von Verwaltungsakten selbstverständliches Recht der Verwaltung gewesen wäre, hätten nicht schon früher ausdrückliche Ermächtigungen zu ergehen brauchen.

Für die Annahme einer generellen Befugnis der Verwaltung, jederzeit Verwaltungsakte zu erlassen, als Gewohnheitsrecht fehlt es heute allerdings außerdem an der notwendigen allgemeinen Anerkennung. Dies zeigen die vielen kritischen oder ablehnenden Stimmen in Wissenschaft und Rechtsprechung zu der Frage der Geltendmachung von Schadensersatz- und Erstattungsansprüchen durch Leistungsbescheid[9]. Wenigstens

---

[7] *Spanner*, Urteilsanmerkung: DöV 63, S. 29.
[8] *Wolff* I, § 25, III, a (S. 104).
[9] *Achterberg*, Urteilsanmerkung: DVBl. 66, S. 152 ff.; *Bachof*, Rechtsprechung des Bundesverwaltungsgerichts: JZ 66, S. 60 ff.; *Dietlein*, Die Geltendmachung: NJW 62, S. 1946 ff.; *Dietlein*, Urteilsanmerkung: DVBl. 64, S. 923 f.; *Henrichs*, Urteilsanmerkung: NJW 64, S. 2366 ff.; *Henrichs*, Urteilsanmerkung: NJW 65, S. 458 f.; *Glücklich*, Urteilsanmerkung: Die Sozialgerichtsbarkeit, 56, S. 300; *Jesch*, Gesetz und Verwaltung, S. 210; F. *Mayer*, Das verfassungsrechtliche Gebot der gesetzlichen Ermächtigung: Festschrift für Nottarp, S.

insoweit kann also eine gewohnheitsrechtliche Ermächtigung zu hoheitlichem Handeln nicht angenommen werden.

Anders kann es nur in speziellen Fällen besonderer Gewaltverhältnisse sein, wie z. B. im Anstaltsrecht. Die Anstaltsbenutzungsgebühr steht in so engem Zusammenhang mit dem Anstaltszweck, daß jeder Anstaltsbenutzer von seiner mit der Anstaltsbenutzung zusammenhängenden Verpflichtung zur Gegenleistung in Form einer Gebühr weiß. Man kann daher sagen, daß die Benutzungsgebühr unmittelbar von dem Anstaltszweck umfaßt wird, vor allem da viele öffentlichen Veranstaltungen gerade öffentlich-rechtlich betrieben werden, um dem Anstaltsherrn bei der Einziehung der Benutzungsgebühr die starke hoheitliche Stellung zu geben. Die Befugnis, von dieser Befähigung Gebrauch zu machen, setzt aber auch bei der Anstalt eine Ermächtigung voraus. Ob diese — wie vielfach angenommen — ausnahmsweise in einem Gewohnheitsrechtssatz gesehen werden kann, muß unter der gegebenen verfassungsrechtlichen Lage jeweils genau geprüft werden.

§ 19. Die spezielle Problematik des öffentlichen Dienstrechts

Da die Geltendmachung von Forderungen — Schadensersatz- und Erstattungsforderungen — gerade im öffentlichen Dienstrecht eine besondere Rolle spielt[1], soll an dieser Stelle die Bedeutung des Erstattungsgesetzes vom 18. April 1937, das aus dem in §§ 134 ff. RBG geregelten Defektenverfahren hervorgegangen ist[2], im Hinblick auf unsere Proble-

---

187 ff. (195); *Renck*, Verwaltungsakt und Gesetzesvorbehalt: JuS 65, S. 129 ff. (132/133); *Menger*, Höchstrichterliche Rechtsprechung zum Verwaltungsrecht: Verw.Arch. Bd. 52 (1961), S. 196 f. (197); *Menger*, Höchstrichterliche Rechtsprechung zum Verwaltungsrecht: Verw.Arch. Bd. 57 (1966), S. 376 ff. (380/381); *Wacke*, „Leistungsbescheide" gegen Beamte: DöV 66, S. 311 ff. (313); *Wussow*, Die Zwangsbeitreibung von Rückforderungsansprüchen: Die Sozialversicherung, 1956, S. 196 ff.; *Buckert*, Heranziehung eines Beamten: ZBR 67, S. 1 ff.

BVerwG U. 24. 6. 66 — VI C 183/62 —: BayVBl. 66, S. 387—389; OVG Hamburg U. 14. 1. 65 — Bf II 20/64 —: ZBR 65, S. 394—396; OVG Hamburg U. 27. 6. 51 — Bf II 72/50 —: MDR 51, S. 634—635; OVG Koblenz U. 11. 3. 64 — 2 A 13/64 —: DVBl. 64, S. 931—932; Bez. VG Berlin — amerik. Sektor — U. 16. 6. 50 — B 31/50 —: DöV 51, S. 49—51; VG Gelsenkirchen U. 2. 11. 62 — 1 K 251/61 —: RiA 63, S. 62—64; VG Koblenz U. 22. 11. 63 — 2 K 302/60 —: DVBl. 64, S. 935—936; nach *Dietlein*, Die Geltendmachung: NJW 62, S. 1946 auch: VG Wiesbaden U. 23. 3. 61 — I 2 — 485/59 — und VG Koblenz U. 14. 8. 62 — 1 K 79/62 —.

[1] Vgl. oben § 15, Einleitung und Fußnote 4.

[2] Zur geschichtlichen Entwicklung vgl. *Reuß*, Erstattungsgesetz, Einführung S. IX f.; ferner die amtliche Begründung zum Gesetz über das Verfahren für die Erstattung von Fehlbeständen an öffentlichen Vermögen (Erstattungsgesetz) vom 18. April 1937, abgedruckt bei *Heuser-Kobel*, Erstattungsgesetz, S. 14 ff.; *Rupp*, Der Schadensersatz- und Regreßanspruch: DVBl. 63, S. 577 ff. (580).

matik untersucht werden. Das Erstattungsgesetz sieht gemäß § 1 Abs. 1 und 2 eine Geltendmachung von Schadensersatzforderungen durch Verwaltungsakt[3] nur dann vor, wenn ein Fehlbestand an öffentlichem Vermögen eingetreten ist; zum Fehlbestand soll auch ein durch vorsätzliche strafbare Handlung verursachter Vermögensschaden gehören. Sinn und Zweck des Erstattungsverfahrens war und ist es, in bestimmt gelagerten Fällen der Verwaltung ein schnelles Zugriffsrecht zu sichern, ohne daß sie gezwungen ist, im Klagewege gegen den Beamten vorzugehen[4]. Im übrigen mußte die Verwaltung gegen den erstattungs- oder ersatzpflichtigen Beamten vor dem Zivilgericht klagen.

Allein aus dieser historischen Entwicklung folgt schon, daß die Annahme einer gewohnheitsrechtlichen Ermächtigung zur hoheitlichen Geltendmachung von Schadensersatz- und Erstattungsansprüchen im öffentlichen Dienstrecht nicht möglich ist. Gerade die spezielle Regelung des Defekten- bzw. (späteren) Erstattungsverfahrens zeigt nämlich, daß eben kein allgemeines Recht bestanden hat, die Leistung auf Schadensersatz- oder Erstattungsforderungen von dem Beamten zu erzwingen[5]. Aus der Regelung des Erstattungsgesetzes läßt sich entgegen dem Bundesverwaltungsgericht[6] daher der Umkehrschluß ziehen, daß andere als die in § 1 Abs. 1 und 2 ErstG genannten Forderungen nicht im Wege des Leistungsbescheids sollten geltend gemacht werden können[7]. Daß das Erstattungsgesetz in keiner Hinsicht einen „systemgerechten Schritt in Richtung auf die heutige Rechtsordnung"[8] darstellt, bedarf nach der eingehenden Widerlegung, die diese These durch *Wacke*[9] gefunden hat, keiner weiteren Begründung mehr. Ergänzend sei jedoch bemerkt, daß dem System des heutigen Verwaltungsrechts eine gesetzliche Grundlage, d. h. eine formell-gesetzliche Ermächtigung zur Heranziehung durch Leistungsbescheid (also Verwaltungsakt) auch im besonderen Gewaltverhältnis entspricht. Wenn in dem Erstattungsgesetz ein „systemgerechter Schritt" überhaupt zu sehen wäre, so doch eben auf eine gesetzliche Regelung der Befehlsbefugnis zur Geltendmachung von Forderungen hin. Um so erstaunlicher ist dann aber die dem entgegengesetzte Folgerung, daß

---

[3] Zur Qualifizierung des Erstattungsbeschlusses gemäß § 5 ErstG als Verwaltungsakt vgl. *Reuß*, Erstattungsgesetz, S. 36.

[4] *Reuß*, Erstattungsgesetz, § 1, Anm. 13 (S. 35 ff.) und Einführung (S. X) spricht von privilegierten Zugriffsrechten.

[5] So auch *Rupp*, Der Schadensersatz- und Regreßanspruch: DVBl. 63, S. 577 ff. (581).

[6] BVerwG U. 17. 9. 64 — II C 147/61 —: BVerwGE Bd. 19, S. 243 ff. (247).

[7] *Dietlein*, Die Geltendmachung: NJW 62, S. 1946 ff. (1949); *Rupp*, Der Schadensersatz- und Regreßanspruch: DVBl. 63, S. 577 (580/581); *Buckert*, Heranziehung eines Beamten: ZBR 67, S. 1 f. (S. 2).

[8] BVerwG U. 17. 9. 64 — II C 147/61 —: BVerwGE Bd. 19, S. 243 ff. (247).

[9] *Wacke*, „Leistungsbescheide" gegen Beamte: DöV 66, S. 311 ff. (315).

eine hoheitliche Heranziehung zur Leistung auf eine Forderung ohne gesetzliche Ermächtigung möglich sein soll, wo heute die Tendenz besteht, die Verwaltung in immer stärkerem Maße in ihrer Tätigkeit von gesetzlichen Grundlagen abhängig zu machen[10]. Die Argumentation des Bundesverwaltungsgerichts beruht auf der mangelnden Unterscheidung zwischen der Befähigung und der Befugnis der Verwaltung zu hoheitlichem Handeln durch Verwaltungsakt und betrifft eigentlich nur die Frage der Befähigung. Selbst wenn man mit dem Gericht die Befähigung zu hoheitlichem Handeln annehmen wollte, so wäre immer noch der Beweis zu erbringen, daß auch die Befugnis, von der Befähigung Gebrauch zu machen, gegeben ist[11].

Aus dem Erstattungsgesetz ergibt sich für eine über es hinausgehende Befugnis zur Geltendmachung von Forderungen durch Leistungsbescheid kein Anhalt. Aus seiner speziellen Regelung ist vielmehr der Schluß zu ziehen, daß eine weitergehende, gewohnheitsrechtliche Ermächtigung zur Leistungserzwingung im Verwaltungswege im öffentlichen Dienstrecht nicht besteht.

§ 20. Zusammenfassung und Folgerungen

Eine Befugnis der Verwaltung zum jederzeitigen Erlaß eines Verwaltungsaktes belastenden Inhalts, regelmäßig also einer Verfügung, kann weder aus einem allgemeinen Rechtsgrundsatz noch einem Gewohnheitsrecht hergeleitet werden.

Wenn jemals ein Rechtsgrundsatz des genannten Inhalts bestanden haben sollte, so würde es sich dabei mangels unmittelbarer Ableitbarkeit aus dem Rechtsprinzip nicht um einen allgemeinen Rechtsgrundsatz, sondern allenfalls um einen besonderen Rechtsgrundsatz, nämlich des Verwaltungsrechts gehandelt haben. Da besondere Rechtsgrundsätze mit den ihnen zugrunde liegenden Ordnungsvorstellungen und besonderen Interessenlagen wandelbar sind, wäre ein besonderer Rechtsgrundsatz,

---

[10] Zuletzt noch ausdrücklich *Vogel*, Gesetzgeber und Verwaltung: VVDStL Heft 24 (1966), S. 125 ff. (150 f.).

[11] Ähnlich verkennt *Scheerbarth*, Verwaltungszwang im Beamtenrecht: ZBR 63, S. 168 ff. die Problematik. Aus der Tatsache, daß die Pflicht zu vermögenlichen Leistungen des Beamten nicht disziplinarbewehrt ist, leitet er ab, daß der Verwaltungszwang auf Grund des Erstattungsgesetzes rechtlich zulässig sei und, „daß jetzt allgemein, also auch außerhalb des Erstattungsgesetzes die Geltendmachung von vermögensrechtlichen Ansprüchen, namentlich von Schadensersatzansprüchen des Dienstherrn gegen den Beamten durch Heranziehungsbescheid ... zugelassen wird; denn vermögensrechtliche Pflichten des Beamten sind nicht disziplinarbewehrt". *Scheerbarth* befaßt sich nicht mit der Frage, ob der Erlaß eines Verwaltungsaktes an die weitere Voraussetzung der gesetzlichen Ermächtigung gebunden ist.

der den Trägern öffentlicher Verwaltung den jederzeitigen Erlaß von belastenden Verwaltungsakten erlaubt, mit der Veränderung der Verfassungslage und der strengen Durchführung des Gewaltgliederungsprinzips weggefallen.

Ein Gewohnheitsrechtssatz des genannten Inhalts ist weder im allgemeinen Gewaltverhältnis noch in den einzelnen besonderen Gewaltverhältnissen unter der Herrschaft des Grundgesetzes allgemein anzuerkennen. Zwar wird in den Anstaltsverhältnissen häufig eine gewohnheitsrechtliche Ermächtigung für hoheitliche Handlungen als gegeben angesehen. Diese kann jedoch nicht verallgemeinert werden und auf solche Rechtsverhältnisse, die zwar mit der anstaltlichen Beziehung in Verbindung stehen, aber keinen unmittelbaren Bezug auf ihren Zweck haben, nicht ausgedehnt werden. Gegen die Annahme eines Gewohnheitsrechts spricht außerdem die sich mehrende Anzahl der eine Geltendmachung von Forderungen durch Leistungsbescheid ablehnenden Stimmen in Rechtswissenschaft und Rechtsprechung.

Besonders im öffentlichen Dienstrecht folgt aus der speziellen Regelung des Erstattungsgesetzes, daß Forderungen, die von ihm nicht erfaßt sind, nicht hoheitlich geltend gemacht werden können.

Soweit ausdrückliche gesetzliche Ermächtigungen nicht vorhanden sind, ist der Verwaltung keine Möglichkeit gegeben, öffentlich-rechtliche Geldforderungen im Wege des Leistungsbescheides geltend zu machen. Gegen den säumigen oder zahlungsunwilligen Schuldner einer öffentlich-rechtlichen Geldforderung muß die Verwaltung Leistungsklage vor den Verwaltungsgerichten erheben.

Siebentes Kapitel

Die Einordnung des Ergebnisses in das System des Verwaltungsrechts

Das Ergebnis unserer bisherigen Untersuchungen, daß mangels ausdrücklicher gesetzlicher Regelung eines Über-/Unterordnungsverhältnisses der Verwaltung die rechtliche Befähigung zur hoheitlichen Geltendmachung von Geldforderungen gegenüber Zivilpersonen nicht gegeben und daß die Verwaltung zur Durchsetzung gewisser Rechte des Staates zur Inanspruchnahme gerichtlicher Hilfe gezwungen ist, scheint auf den ersten Blick mit dem System des Verwaltungsrechts in Widerspruch zu stehen. Es muß daher versucht werden, das gefundene Ergebnis in das System des Verwaltungsrechts einzuordnen.

§ 21. Die Vereinbarkeit des Ergebnisses mit dem System des Verwaltungsrechts

Die These, die Verwaltung müsse gewisse Forderungen im Klagewege geltend machen, scheint nur schwer vereinbar mit der rechtlichen Eigenart der öffentlichen Verwaltung, die typischerweise in der Überlegenheit liegt, mit der sie den Zivilpersonen gegenübertritt[1].

A. Der Begriff der öffentlichen Verwaltung und das Verhältnis zwischen Verwaltung und Zivilperson

Lange Zeit hindurch ist die Verwaltung negativ als die Tätigkeit des Staates, die nicht Gesetzgebung und Rechtsprechung ist, bestimmt worden[2]. Soll festgestellt werden, ob mit dem Begriff der öffentlichen Verwaltung ein bestimmtes Verhältnis zwischen Verwaltung und Zivilperson verbunden ist, so reicht jedoch diese lediglich negative Definition der Verwaltung nicht aus. Das Bedürfnis, die Verwaltung positiv gegenüber Rechtsprechung und Gesetzgebung abzugrenzen, hat gerade in neuerer

---

[1] *Wolff* I, § 44, Einleitung (S. 247).
[2] Otto *Mayer*, Deutsches Verwaltungsrecht, S. 7; *Hatschek-Kurtzig*, Lehrbuch des deutschen und preußischen Verwaltungsrechts, S. 5; W. *Jellinek*, Verwaltungsrecht, S. 6; *Forsthoff*, Lehrbuch, S. 1 resümiert schließlich, es sei der Eigenart der Verwaltung nach nicht möglich, sie zu definieren; sie lasse sich nur beschreiben.

Zeit zu verschiedentlichen Definitionsversuchen geführt. So wurde etwa die Verwaltung als „die Verwirklichung der Verwaltungszwecke für den konkreten Fall im Sinne einer Sozialgestaltung nach der Rechtsordnung"[3] bezeichnet, oder der Satz aufgestellt: „Verwaltung ist handelnde Staatsfunktion, die das soziale Leben im Rahmen der Gesetze und auf dem Boden des Rechts schöpferisch gestaltet[4]." In beiden Bestimmungen tritt der Gesichtspunkt des sozialen Bezugs der Verwaltungstätigkeit in Erscheinung. Man mag ihn auch in der Definition der Verwaltung als „die unmittelbar auf die Erfüllung der Staatszwecke in konkreten Einzelfällen gerichtete Tätigkeit des Staates und anderer öffentlich-rechtlicher Verbände"[5] sehen, wenn man in sie die Gemeinschaftsbezogenheit hineinliest[6]. Jedenfalls kommt in diesen Bestimmungen der Gemeinschaftsbezug aller Verwaltungstätigkeit im Interesse der Allgemeinheit und aller Individuen zum Ausdruck. Aber auch dies reicht noch nicht für eine positive Bestimmung der Verwaltung aus, denn es gibt viele Tätigkeiten auch Privater, die gemeinschaftsbezogen sind und im Interesse der Allgemeinheit und aller Individuen liegen[7]. Daher muß zur Begriffsbestimmung der Verwaltung ein formelles Moment hinzutreten, das eine Abgrenzung der öffentlichen Verwaltung von privater, ähnlich gemeinschaftsbezogener Tätigkeit erlaubt[8]. Dieses formelle Element ist in der Definition der öffentlichen Verwaltung von *Wolff* enthalten. Er bestimmt sie als „die mannigfaltige, zweckbestimmte, nur teilplanende, selbstbeteiligt durchführende und gestaltende Wahrnehmung der Angelegenheiten von Gemeinwesen und ihrer Mitglieder als solcher durch die dafür bestellten Sachwalter"[9]. Aus ihr ist nämlich zu erkennen, daß nur die Tätigkeit in bestimmter Weise qualifizierter Subjekte öffentliche Verwaltung ist: die von Sachwaltern des Gemeinwesens. Seine Definition soll daher den weiteren Überlegungen zugrunde gelegt werden.

Weil die öffentliche Verwaltung Verwaltung durch Sachwalter von Gemeinwesen ist und weil Gemeinwesen über öffentliche Gewalt ver-

---

[3] E. *Becker*, Verwaltung und Verwaltungsrechtsprechung: VVDStL Heft 14 (1956), S. 96 ff. (105).

[4] *Rumpf*, Verwaltung und Verwaltungsrechtsprechung: VVDStL Heft 14 (1956), S. 136 ff. (153).

[5] *Peters*, Die Verwaltung als eigenständige Staatsgewalt, S. 7.

[6] Tut man dies nicht, so ist die Definition von *Peters* zu weit, da Erfüllung eines Staatszweckes im Einzelfall auch die Rechtsprechung ist, denn nach dem Rechtsstaatsprinzip ist auch die Herstellung eines materiell gerechten Zustandes Staatszweck (vgl. *v. Mangoldt-Klein*, Das Bonner Grundgesetz, Art. 20 Anm. VI (S. 600); *Obermayer*, Verwaltungsakt und innerdienstlicher Rechtsakt, S. 46/47).

[7] z. B. Presse oder Lebensmitteleinzelhandel; vgl. *Wolff* I, § 2, II, b, 2 (S. 11).

[8] *Wolff* I, § 2, II, b, 2 (S. 11).

[9] *Wolff* I, § 2, II, c (S. 12).

fügen[10], liegt die Annahme nahe, daß Verwaltung nur Tätigkeit kraft öffentlicher Gewalt ist, also typischerweise aus der Überlegenheit heraus erfolgt. Dies war so lange auch richtig, wie die Eingriffsverwaltung das Bild der öffentlichen Verwaltung bestimmte. Mit der immer größeren Umfang annehmenden Leistungsverwaltung geht jedoch zusehends das Obrigkeitliche der Verwaltungshandlungen verloren, und trotz der öffentlich-rechtlichen Grundlagen der Verwaltungstätigkeit kommt die Überlegenheit immer weniger zum Ausdruck. Gerade die Entwicklung und zunehmende Bedeutung des verwaltungsrechtlichen Vertrages[11] zeigt, daß das Wesen der öffentlichen Verwaltung die Über-/Unterordnung zwischen Verwaltung und Zivilperson nicht als denknotwendige Voraussetzung hat. Je mehr die Interessenlagen zwischen Verwaltung und Zivilperson denen ähnlich werden, die im Privatrecht geregelt sind[12], um so weniger besteht Anlaß, von der Sache her eine Über-/Unterordnung zwischen Verwaltung und Bürger anzunehmen und die Verwaltung für befähigt zu halten, einseitig zu handeln. Einseitigkeit, Verbindlichkeit und Eingriff sind begrifflich mit der öffentlichen Verwaltung daher nicht verbunden. Es bestehen auch keine Zweifel, daß Verwaltung sogar in den Formen des Privatrechts betrieben werden kann, und die Praxis zeigt, daß die Verwaltung gerne in privatrechtliche Formen ausweicht, weil diese der Gestaltung weiteren Spielraum lassen[13].

Vom Begriff der öffentlichen Verwaltung her bestehen daher keine Bedenken, eine generelle Über-/Unterordnung zwischen Verwaltung und Zivelperson zu verneinen. Es ist auch gesetzlich anerkannt, daß die Verwaltung aus der Gleichordnung heraus handeln und im Klagewege vorgehen kann, wenn sie sich dazu entscheidet[14].

B. Die Vereinbarkeit des Ergebnisses mit dem Verwaltungsrecht als Teil des öffentlichen Rechts

Mit dem System des Verwaltungsrechts als Teil des öffentlichen Rechts scheint es jedoch schwer vereinbar, daß die Verwaltung zur Geltendmachung von Forderungen Klage erheben muß, auch wenn sie sich dazu nicht freiwillig entscheidet. So wird es wenigstens den Vertretern der Ansicht erscheinen, die als wesentliches Merkmal der Beziehungen zwi-

---

[10] *Wolff* I, § 3, I, e (S. 16).
[11] Vgl. oben § 2, B, II.
[12] *Wolff* I, § 44, Einleitung (S. 247).
[13] *Wolff* I, § 23, I, a (S. 90); zu der Problematik, die durch die „Flucht des Staates... in das Privatrecht" (*Fleiner*, Institutionen, S. 326) entsteht, vgl. *Wolff* I, § 23, II, b (S. 93).
[14] Vgl. z. B. § 126 Abs. 2 BRRG; zum Problem des Rechtsschutzbedürfnisses für eine Klage der Verwaltung vgl. BVerwG U. 17. 7. 63 — VI C 173/61 —: *Buchholz* 237.7, § 84 LBG NW Nr. 1.

schen Verwaltung und Bürger die Über-/Unterordnung ansieht, und diese, d. h. also ein Gewaltverhältnis, als Kriterium der Abgrenzung des öffentlichen vom privaten Recht verwendet (Subjektionstheorie)[15]. Die Unhaltbarkeit dieser Theorie ist allerdings schon seit *Nawiaskys* Abhandlung über das Forderungs- und Gewaltverhältnis[16] indiziert. Solange man an das Bestehen eines allgemeinen Gewaltverhältnisses glaubte, das von sich aus konkrete Auswirkungen im Verwaltungsrecht haben sollte, konnte mit dem Hinweis auf dieses tatsächlich der Subjektionstheorie eine gewisse Berechtigung nicht abgesprochen werden. Mit der Erkenntnis, daß das allgemeine Gewaltverhältnis unter der geltenden Verfassungslage mit der Durchführung des Gewaltteilungs- und Gesetzmäßigkeitsprinzips nur noch eine staats- und verfassungsrechtliche Kategorie ohne unmittelbare Wirkung im Verwaltungsrecht ist, ist aber jeder Anhalt für eine konkret wirksame, allgemein geltende Über-/Unterordnung zwischen Verwaltung und Bürger entfallen.

Damit soll keineswegs die Existenz öffentlicher Gewalt und ihre Wirksamkeit geleugnet und mit dem überlieferten System der Staat aufgegeben werden[17]. Das Bestehen öffentlicher Gewalt wird weiterhin anerkannt[18]; nur werden die Grenzen und die Voraussetzungen ihrer Anwendung durch die Organe der einzelnen Teilgewalten, insbesondere der Verwaltung, schärfer umrissen als bisher. Rechtlich ist nämlich das Gewaltverhältnis als Ausdruck der Beziehungen zwischen Staat und Bürger auf dem verhältnismäßig engen Kreis der Grundpflichten und deren Geltendmachung beschränkt[19]. Nur wenn die Verwaltung Grundpflichten der Bürger geltend machen soll, ist sie von Rechts wegen befähigt, öffentliche Gewalt auszuüben, ohne daß ihr diese Befähigung ausdrücklich durch Verfassungsrechtssatz oder Gesetz eingeräumt ist, weil das allgemeine Gewaltverhältnis in eine verwaltungsrechtliche Kategorie transformiert ist, wenn die Verwaltung zur Wahrnehmung der den Grundpflichten entsprechenden staatlichen Rechte zuständig ist. Ob in anderen

---

[15] G. *Jellinek*, Allgemeine Staatslehre, S. 384 ff. (386); E. *Kaufmann*, Verwaltung, Verwaltungsrecht: WBDStVR S. 688 ff. (703); *Forsthoff*, Lehrbuch, § 6, 2 (S. 100), auch noch in der 9. Aufl. S. 107; vgl. auch die Darstellung von *Siebert*, Zur neueren Rechtsprechung über die Abgrenzung von Zivilrechtsweg und Verwaltungsrechtsweg: DöV 59, S. 733 f.

[16] *Nawiasky*, Forderungs- und Gewaltverhältnis: Festschrift für Zitelmann, S. 1 ff.

[17] *Baring*, Zur Problematik eines Verwaltungsverfahrensgesetzes: DVBl. 65, S. 180 ff. (183).

[18] *Forsthoff*, Verfassungsprobleme des Sozialstaats, S. 5; W. *Weber*, Das Richtertum in der deutschen Verfassungsordnung: Festschrift für Niedermeyer, S. 261 ff. (275).

[19] Wenn auch die Verwaltung — im Besitze der „einzigen Gewalt" (*Krüger*, Allgemeine Staatslehre, § 36, I, S. 848 ff.) — praktisch jedes denkbare Verlangen durchsetzen kann.

Fällen die Beziehungen zwischen Verwaltung und Bürger als Gewaltverhältnis geordnet sind, kann im Rechtsstaat nur das Gesetz regeln. Soweit dies nicht der Fall ist, ist von einer Gleichordnung zwischen Verwaltung und Bürger auszugehen.

Die Richtigkeit dieser These wird durch die Subjektstheorie von Wolff[20] bestätigt. Danach liegt öffentliches Recht dann vor, wenn ein Rechtssatz nur einem Träger hoheitlicher Gewalt zugeordnet werden kann. Erst die Subjektstheorie hat dem verwaltungsrechtlichen Denken wirksam die Fesseln genommen, die ihm durch die Annahme einer vorgegebenen Über-/Unterordnung zwischen Verwaltung und Zivilperson angelegt waren, denn nach ihr sind auch öffentlich-rechtliche Rechtssätze denkbar, die von einer Gleichordnung zwischen Staat und Bürger ausgehen. Auf dem Boden der Subjektstheorie ist es möglich geworden, auch das Verhältnis zwischen Verwaltung und Zivilperson allein vom Rechtssatz her zu beurteilen, indem man jeden Rechtssatz daraufhin untersucht, ob er ein Forderungs- oder ein Gewaltverhältnis hervorbringt. Nur so wird klar herausgestellt, daß letzten Endes nur das Gesetz und durch das Gesetz die Volksvertretung das rechtliche Verhältnis zwischen Verwaltung und Zivilperson regeln und der Verwaltung gestatten kann, öffentliche Gewalt auszuüben und im Einzelfall anzuwenden.

§ 22. Die Klage zur Geltendmachung von Geldforderungen als systemgerechte Verwaltungshandlung

A. Die Einordnung der Behördenklage in die Rechtsformen der Verwaltung

Herkömmlich werden die Rechtsformen der Verwaltung in obrigkeitliche, schlicht-hoheitliche und fiskalische eingeteilt. Obrigkeitlich ist die Eingriffsverwaltung, schlicht-hoheitlich die Leistungsverwaltung und fiskalisch die Verwaltung in privatrechtlichen Formen[1]. Auch die Unterscheidung in Eingriffsverwaltung und Leistungsverwaltung ist formeller Art und dient nicht der Bezeichnung eines bestimmten Handlungsinhalts. Gerade im Hinblick auf die Leistungsverwaltung wird daher die Trennung zwischen schlicht-hoheitlicher und fiskalischer Verwaltung oft nicht eindeutig gezogen[2]. Wenn man sich auch der formellen Natur der genannten Einteilung bewußt ist, so ist es doch schwierig, die Klage vor

---

[20] Wolff, Der Unterschied zwischen öffentlichem und privatem Recht: AöR Bd. 76 (1950/51), S. 205 ff. (208/209); Wolff I, § 22, II, c (S. 87); Menger, Höchstrichterliche Rechtsprechung zum Verwaltungsrecht: Verw.Arch. Bd. 50 (1959), S. 193 ff. (197/198); vgl. auch oben § 2, B, II.

[1] Wolff I, § 23, II, b (S. 93) und III (S. 94).

[2] Vgl. die Kritik von Uber, Staatsrechtslehrertagung 1960: AöR Bd. 86 (1961), S. 101 ff. (116 f.).

einem Verwaltungsgericht in die gegebenen Rechtsformen der Verwaltung einzuordnen. Daß die Klage keine obrigkeitliche Tätigkeit ist, folgt schon daraus, daß mit ihr kein Eingriff der Verwaltung in die Rechtssphäre einer Zivilperson verbunden ist. Zieht man in Betracht, daß auch das Prozeßrecht öffentlich-rechtlicher Natur ist, eine Klage also auch formell auf dem öffentlichen Recht beruht, so scheint ihre Einordnung in die schlicht-hoheitlichen Verwaltungshandlungen naheliegend, weil schlicht-hoheitlich die Handlungen sind, die zwar auf Grund öffentlichen Rechts, aber nicht obrigkeitlich vorgenommen werden[3]. Diese Einordnung vermag allerdings auch nicht ganz zu befriedigen, weil in dem Begriff der Hoheitlichkeit die öffentliche Gewalt durchblickt, die Klage aber gerade deshalb stattfinden soll, weil die Verwaltung nicht befähigt und befugt ist, selbst öffentliche Gewalt auszuüben. Da die Geltendmachung von Forderungen zum öffentlichen Vermögensrecht gehört, ist man am ehesten geneigt, die Klage zur Geltendmachung von Forderungen als fiskalische Tätigkeit einzustufen. Dabei würde aber unversehens eine materiell-rechtliche Wertung vorgenommen, da der Staat als Vermögensträger häufig auch die Bezeichnung „Fiskus" trägt[4]. Fiskalisch im Sinne der heutigen Lehre kann die Klage einer Behörde allerdings deshalb nicht sein, weil fiskalisch privatrechtliches Handeln bedeutet und die Klageerhebung keine Handlung in privatrechtlicher Form ist. Am besten mag daher die behördliche Klage mit *Stern* als „schlichte Verwaltungsäußerung oder -maßnahme"[5] oder mit *Huber* als „Verwaltungshandlung schlicht verwaltender Art"[6] bezeichnet werden. Durch diese Bezeichnung wird jeder Hinweis auf eine Anwendung öffentlicher Gewalt vermieden und doch erreicht, daß die Handlung als auf materiellem Verwaltungsrecht beruhend erkannt wird.

B. Die materielle Bestimmung der Verwaltungstätigkeiten am Beispiel der Verbandsverwaltung und der Vermögensverwaltung und die wesensgemäßen Handlungsformen

Solange eine generelle Über-/Unterordnung zwischen der Verwaltung und der Zivilperson angenommen wurde, stand außer Zweifel, daß die Verwaltung dieser gegenüber zu hoheitlichem Handeln jederzeit befähigt war. Es lag weitgehend in ihrem Belieben, wenn sie sich anderer Handlungsformen bediente. Mit der Aufgabe der Doktrin von der allgemeinen Über-/Unterordnung und damit der generellen Befähigung (und Befugnis) der Verwaltung zu einseitigem verbindlichen Handeln entsteht

---

[3] *Wolff* I, § 23, III, b, 2 (S. 94).
[4] Vgl. dazu die kritische Bemerkung von *Wolff* I, § 23, I, a (S. 90).
[5] *Stern*, Schlichte Verwaltungsäußerungen: BayVBl. 57, S. 44 ff. (86 f.).
[6] *Huber*, Wirtschaftsverwaltungsrecht, Bd. 1, S. 53; Bd. 2, S. 200 f.

§ 22. Die Klage als systemgerechte Verwaltungshandlung

jedoch sogleich die Frage nach der jeweils richtigen Form des Verwaltungshandelns.

I. Die Notwendigkeit einer materiellen Bestimmung der Verwaltungstätigkeiten

Das Ergebnis der bisherigen Untersuchung, daß die Verwaltung Forderungen, die nicht Abgaben sind, nur im Wege der Klage vor den Verwaltungsgerichten geltend machen kann, wenn sie zur hoheitlichen Geltendmachung durch Leistungsbescheid nicht ausdrücklich befähigt und befugt ist, wurde auf Grund des geltenden Rechts gefunden. Damit ist aber noch nicht erwiesen, daß das Einklagen von Forderungen die der Verwaltungstätigkeit auf dem Gebiete des öffentlichen Vermögensrechts entsprechende Handlungsform ist. Ebensowenig kann gesagt werden, daß die Geltendmachung von Forderungen durch Leistungsbescheid, auch wenn sie gesetzlich vorgesehen ist, dem öffentlichen Vermögensrecht wesensgemäß ist. Durch eine gesetzliche Regelung der die vermögensrechtlichen Beziehungen zwischen Verwaltung und Zivilperson betreffenden Rechtsverhältnisse als Gewaltverhältnisse würden zwar die Bedenken gegen eine Befähigung und Befugnis der Verwaltung zu einseitigem Handeln bei der Geltendmachung von Forderungen beseitigt. Dadurch ist man jedoch nicht der Frage enthoben, ob eine solche Regelung wirklich mit dem öffentlichen Vermögensrecht vereinbar ist.

Ob eine bestimmte Handlungsform einem bestimmten Handlungsinhalt, also einer Tätigkeit der Verwaltung auf einem bestimmten Gebiet öffentlicher Verwaltung, entspricht, kann nicht nach der geltenden Rechtslage beurteilt werden, sondern muß danach entschieden werden, ob sich ein notwendiger Zusammenhang zwischen dem Inhalt einer Verwaltungstätigkeit und dem Verhältnis zwischen Verwaltung und Zivilperson herstellen läßt. Aus diesem ergibt sich nämlich, wie die vorhergehenden Untersuchungen gezeigt haben, auch die Form des Verwaltungshandelns. Die Frage nach der Übereinstimmung zwischen dem Inhalt einer Verwaltungstätigkeit und dem Verhältnis zwischen Verwaltung und Zivilperson kann nur beantwortet werden, wenn es gelingt, die Verwaltungstätigkeit materiell zu bestimmen.

II. Die materielle Bestimmung der Verbandsverwaltung und der Vermögensverwaltung und ihre wesengemäßen Handlungsformen

In der Auseinandersetzung mit Umfang und Inhalt des allgemeinen Gewaltverhältnisses haben wir gesehen, daß die Staatsgewalt rechtlich nur so weit reicht, wie die Erfüllung und Durchsetzung der Grundpflichten (Verbandspflichten) es erfordert, daß sie in diesem Rahmen aber auch Herrschaft sein muß, um wirksam die Erfüllung der Grundpflichten durchsetzen und dadurch den Verband in seiner guten Ordnung erhalten zu können. Alle Verwaltungstätigkeit, die die Grundpflichterfüllung zum Gegenstande hat und dadurch der Verbandserhaltung unmittelbar dient, muß daher ihrem Wesen nach auf einer Über-/Unterordnung gegründet sein. Der tiefere Grund für die Gestaltung des Verbandspflichtenverhältnisses als Gewaltverhältnis liegt darin, daß das Interesse an der Verbandserhaltung und -entwicklung, ohne die auch Einzelinteressen — nicht einmal die Grundrechte — nicht wirksam geschützt und durchgesetzt werden könnten, das Interesse des einzelnen an der Freiheit von Beeinträchtigungen seiner Rechtssphäre durch die Verwaltung erheblich überwiegt. Der Verbandsverwaltung ist daher der Verwaltungsakt als wesensgemäße Handlungsform zuzuordnen.

Überall, wo der Gegensatz zwischen einem höher zu bewertenden allgemeinen Interesse und den Individualinteressen des einzelnen nicht besteht, ist ohne weiteres eine Über-/Unterordnung zwischen Verwaltung und Zivilperson dagegen nicht anzunehmen. Das ist um so weniger möglich, je stärker die Interessenverteilung zwischen Verwaltung und Bürger mit den Interessenlagen vergleichbar ist oder sogar übereinstimmt, wie sie im bürgerlichen Recht geregelt sind. Nirgendwo wird dies deutlicher als im Hinblick auf die öffentlich-rechtlichen Schadensersatz- und Erstattungsforderungen des Staates gegen Zivilpersonen, zumal die letzteren weitgehend in Anlehnung an das Zivilrecht entwickelt wurden[7]. Unzweifelhaft besteht ein allgemeines Interesse besonders an dem Ausgleich und der Bewahrung des öffentlichen Vermögens, weil alle Verbandsmitglieder durch ihre Abgabenleistungen (Finanzpflicht) zu seiner Entstehung und Vermehrung beitragen und das öffentliche Vermögen schließlich für die Erledigung und Erfüllung der öffentlichen Aufgaben des Staates zur Verfügung stehen soll. Es darf jedoch nicht übersehen werden, daß durch die Qualifizierung des Staates wie der anderen öffentlich-rechtlichen Körperschaften, die Träger von öffentlichem Vermögen sind, als Rechtspersönlichkeit die vermögentlichen Rechte und Ansprüche des öffentlichen Rechts einen ähnlich individuellen Charakter bekommen wie die vermögentlichen Rechte und Ansprüche im Privatrecht[8]. Es fehlt der öffentlichen Vermögensverwaltung auch die unmittelbare Bezogenheit auf einen sozialen (Gemeinschafts-)Zweck, wie sie bei aller Tätigkeit der Verbandsverwaltung offenkundig ist. Man kann bei ihr nicht einmal von „dienender Mittelbarkeit"[9] sprechen, da bei ihr auch kein

---

[7] Vgl. oben § 3, B, II.
[8] Vgl. ähnlich: *Schmidt-Rimpler*, Wirtschaftsrecht: HdSW Bd. 12, S. 686 ff. (695).
[9] *Wolff* I, § 2, II, 4 (S. 9).

§ 22. Die Klage als systemgerechte Verwaltungshandlung   111

Bezug auf einen außerhalb der Verwaltung selbst liegenden bestimmten Verwaltungszweck festzustellen ist. Die öffentliche Vermögensverwaltung ist gewissermaßen Verwaltung der Verwaltung und dient dem „Quasi"-Individualinteresse des Staates, das zu behalten oder zu erhalten, was ihm rechtens zukommt[10].

So lautet bei der öffentlichen Vermögensverwaltung der Interessengegensatz nicht: Allgemeininteresse an der Erhaltung des Verbandes Staat ./. Individualinteresse an der Freiheit von staatlichen bzw. behördlichen Eingriffen, sondern: Interesse des Staates an der Übereinstimmung zwischen seinem Vermögensrecht und Vermögensbestand ./. Interesse des Individuums an der Übereinstimmung zwischen seinem Vermögensrecht und dem Vermögensbestand. Diese Interessen sind gleich zu bewerten. Daher ist der öffentlichen Vermögensverwaltung die Über-/Unterordnung, das Gewaltverhältnis wesensfremd. Auch die gesetzliche Regelung der vermögensrechtlichen Beziehungen zwischen Verwaltung und Bürger dürfen daher, sollen sie systemgerecht bleiben, den Rahmen der Gleichordnung nicht verlassen, es sei denn, daß im Einzelfall ein besonders hoch zu bewertendes vermögentliches Interesse des Staates es erforderlich macht, der Verwaltung die Möglichkeit zu geben, sich selbst ihr Recht durch Anwendung öffentlicher Gewalt zu verschaffen. Grundsätzlich ist aber die Vermögensverwaltung im öffentlichen Recht wie im Privatrecht auf dem Boden der Gleichordnung zu betreiben. Die Klage zur Geltendmachung von Geldforderungen ist daher die wesensgemäße Handlungsform der öffentlichen Vermögensverwaltung.

Diesem Ergebnis widerspricht auch nicht, daß hinsichtlich der Abgabenforderungen ein Über-/Unterordnungsverhältnis angenommen wird mit der Folgerung, daß Abgabenforderungen durch Leistungsbescheid geltend gemacht werden können. Die Erhebung von Steuern, Beiträgen, Gebühren und Kosten stellt zwar auch eine Art der Vermögensverwaltung dar. Sie dient jedoch zunächst der Bildung des öffentlichen Vermögens, ohne das der Staat nicht existieren kann. Gerade aus diesem Grunde ist die Entrichtung von Abgaben ein Ausfluß der Finanzpflichten der Zivilperson und damit einer Grundpflicht. Bei der Geltendmachung von Abgabenforderungen steht die Durchsetzung der Grundpflichtserfüllung derart im Vordergrund, daß der vermögensrechtliche Aspekt

---

[10] Die Unterscheidung *Schmidt-Rimplers*, Wirtschaftsrecht: HdSW Bd. 12, S. 686 ff. (695) zwischen dem „mitgliedschaftlichen Verhältnis der Bürger zur Staatskörperschaft" und dem Verhältnis des Bürgers zum Staat, „soweit dieser ohne Beziehung zur Einordnung ihnen als Individuum gegenübertritt", hat ihre Bedeutung daher zur Abgrenzung und materiellen Bestimmung der einzelnen Verwaltungstätigkeiten; zur Abgrenzung von öffentlichem und privatem Recht ist sie allerdings ungeeignet, da sie letztlich doch wieder auf den Gegensatz zwischen Über-/Unterordnung und Gleichordnung abstellt (vgl. dazu oben § 21, A).

fast völlig zurücktritt. Dem entspricht die gesetzliche Regelung[11], daß gegen Leistungsbescheide, die die Geltendmachung von Abgabenforderungen zum Gegenstande haben, eingelegte Rechtsmittel keine aufschiebende Wirkung haben.

§ 23. Zusammenfassung

Mit dem Begriff der Verwaltung ist die Über-/Unterordnung zwischen Verwaltung und Zivilperson nicht denknotwendig verbunden. Die typische Überlegenheit, aus der heraus die Verwaltung der Zivilperson gegenüber tätig wird, stammt aus der Zeit, in der die Verwaltungstätigkeit weitgehend Eingriffsverwaltung war. Mit dem zunehmenden Umfang der Leistungsverwaltung und der Angleichung der Interessenlagen zwischen Verwaltung und Bürger an solche, wie sie im bürgerlichen Recht geregelt sind, besteht immer weniger Anlaß, von der Sache her eine Über-/Unterordnung zwischen Verwaltung und Zivilperson anzunehmen. Dies beweisen das Vordringen des verwaltungsrechtlichen Vertrages und die häufig anzutreffende Tendenz der Verwaltung, ins Privatrecht auszuweichen.

Die Gleichordnung zwischen Verwaltung und Zivilperson widerspricht auch nicht dem Wesen des Verwaltungsrechts als Teil des öffentlichen Rechts. Dieses ist nicht das Recht der Über-/Unterordnungsverhältnisse zwischen Staat und Zivilperson (Subjektionstheorie), sondern der Inbegriff der Rechtssätze, die nur einem Träger hoheitlicher Gewalt zuzuordnen sind (Subjektstheorie). Rechtssätze dieser Art müssen aber nicht notwendig Gewaltverhältnisse hervorbringen. Durch die Subjektstheorie ist es erst möglich geworden, vom Rechtssatz her das Verhältnis zwischen Verwaltung und Zivilperson zu bestimmen. Nur wenn sich aus einem Rechtssatz eine Über-/Unterordnung ergibt, liegt ein Gewaltverhältnis zwischen Verwaltung und Zivilperson vor.

Das öffentliche Vermögensrecht ist von der Gleichordnung zwischen Verwaltung und Zivilperson bestimmt. Dies ergibt sich aus der materiellen Verteilung der Interessen. Wesensgemäße Handlungsform der Durchsetzung von öffentlich-rechtlichen Forderungen ist daher die Klage vor den Verwaltungsgerichten. Die Klage zur Geltendmachung von Forderungen ist eine Verwaltungshandlung schlicht-verwaltender Art.

Die Geltendmachung von Abgabenforderungen gehört nicht zur Vermögensverwaltung, sondern ist Bestandteil der Verbandsverwaltung. Diese ist von der Über-/Unterordnung beherrscht, da ohne die Befähigung

---

[11] Vgl. die Regelung von § 80 Abs. 2 VwGO.

der Verwaltung zur selbständigen, hoheitlichen Durchsetzung der Verbandspflichten die gute Ordnung des Verbandes Staat nicht aufrechterhalten werden könnte. Daher besteht hinsichtlich von Abgabenforderungen zu Recht ein Gewaltverhältnis, das es der Verwaltung ermöglicht, durch Leistungsbescheid vorzugehen.

Achtes Kapitel

Die verfassungsrechtlichen Grenzen einer gesetzlichen Ermächtigung der Verwaltung zur hoheitlichen Geltendmachung von Geldforderungen durch Leistungsbescheid

Wenn auch die Klage zur Geltendmachung von öffent-rechtlichen Geldforderungen dem System des Verwaltungsrechts und die Gleichordnung zwischen Verwaltung und Zivilperson dem Wesen der öffentlichen Vermögensverwaltung entsprechen, so ist doch die Möglichkeit nicht auszuschließen, daß der Gesetzgeber auch hinsichtlich der vermögensrechtlichen Beziehungen durch ausdrückliche gesetzliche Regelungen zwischen Verwaltung und Zivilperson Über-/Unterordnungsverhältnisse schafft. Gerade im Hinblick auf die Überlegungen zur Kodifizierung eines allgemeinen Verwaltungsverfahrens[1], in dessen Rahmen leicht eine entsprechende Generalklausel[2] aufgestellt werden könnte, erscheint es notwendig zu untersuchen, welche verfassungsrechtlichen Grenzen einer generellen Ermächtigung der Verwaltung zur Geltendmachung von Forderungen durch Leistungsbescheid gesetzt sind. Um die verfassungsrechtliche Zulässigkeit der Geltendmachung von Forderungen mit hoheitlichen Mitteln untersuchen zu können, ist es erforderlich, sich noch einmal die Komplexität des Leistungsbescheides zu vergegenwärtigen. Wir hatten bereits oben festgestellt[3], daß der Leistungsbescheid entsprechend seiner Feststellungs- und Anordnungsfunktion aus einem feststellenden Verwaltungsakt und einer Verfügung zusammengesetzt ist. Durch den Leistungsbescheid stellt die Verwaltung also selbst das Bestehen einer Leistungspflicht in bestimmter Höhe fest und spricht gleichzeitig autoritativ aus, daß die Zivilperson der festgestellten Pflicht entsprechend die Leistung zu erbringen hat.

§ 24. Die hoheitliche Geltendmachung von Geldforderungen durch Leistungsbescheid und das Prinzip der Gewaltgliederung

Der Feststellung einer Leistungspflicht in bestimmter Höhe liegt die Beurteilung eines abgeschlossenen Sachverhalts zugrunde: Der Sachver-

---

[1] ME VwVerfG 63.
[2] Etwa: Die Verwaltung ist berechtigt, ihr zustehende öffentlich-rechtliche Geldforderungen im Wege des Leistungsbescheides geltend zu machen.
[3] Vgl. oben § 4, A, II.

§ 24. Leistungsbescheid und Gewaltgliederungsprinzip 115

halt (eine Schädigung, eine Zuvielzahlung oder die Tatsache eines Vertragsschlusses) wird ermittelt — die zugehörigen Rechtsnormen werden aufgesucht — der gefundene Sachverhalt wird unter die gefundenen Normen subsumiert — durch Konklusion wird eine konkrete Rechtsfolge gefunden (Pflicht, Schadensersatz zu leisten, zu erstatten oder die vertragliche Leistung zu erbringen) — die Rechtsfolge wird ausgesprochen (feststellender Verwaltungsakt)[4]. Durch diesen feststellenden Verwaltungsakt wird von der Verwaltung also Recht angewandt, wie es auch der Richter tut, denn es ist gerade die Aufgabe des Richters und der Rechtsprechung, Recht auf einen abgeschlossenen Sachverhalt anzuwenden. Es liegt daher nahe, in dem Vorgehen durch Leistungsbescheid einen Akt der Rechtsprechung zu sehen und damit einen möglichen Verstoß gegen das Prinzip der Gewaltteilung (Art. 20 Abs. 2 GG) in den dazu ermächtigenden Gesetzen anzunehmen[5].

A. Der Begriff der Rechtsprechung

Nicht alle Rechtsanwendung auf einen abgeschlossenen Sachverhalt ist Rechtsprechung, denn vielfach wenden auch die Verwaltungsbehörden Recht auf einen abgeschlossenen Sachverhalt an, ohne daß noch in Zweifel gezogen würde, daß es sich dabei um Verwaltung handelt (vgl. z. B. den streitentscheidenden Verwaltungsakt)[6]. Um feststellen zu können, ob in dem zum Erlaß eines Leistungsbescheides ermächtigenden Gesetz der Verwaltung Rechtsprechungsfunktionen übertragen werden, muß geklärt werden, worin die materiellen Kriterien der Rechtsprechung zu sehen sind.

Nach *Friesenhahn* ist das materielle Kriterium der Rechtsprechung die Rechtsanwendung zur Entscheidung eines Rechtsstreites[7]. Dagegen erheben sich insofern Bedenken, als auch streitentscheidende Verwaltungsakte einen Streit, eine Kontroverslage[8], voraussetzen und schlichten sollen, und andererseits im richterlichen Normenkontrollverfahren oder Strafverfahren eine Kontroverslage fehlt[9]. Ebensowenig ist als materiel-

---

[4] Vgl. dazu *Bettermann*, Verwaltungsakt und Richterspruch: Gedächtnisschrift für W. Jellinek, S. 361 ff. (368).
[5] Vgl. *Henrichs*, Urteilsanmerkung: NJW 64, S. 2366; *Dietlein*, Die Geltendmachung: NJW 62, S. 1946 ff. (1949).
[6] *Wolff* I, § 47, I, d (S. 273); *Schüle*, Der streitentscheidende Verwaltungsakt: Staats- und Verwaltungswissenschaftliche Beiträge, S. 277 ff. (294); *Friesenhahn*, Über Begriff und Arten der Rechtsprechung: Festschrift für Thoma, S. 21 ff. (27); BVerfG U. 1. 7. 53 — 1 BvL 23/51 —: BVerfGE Bd. 2, S. 380 ff. (391/393).
[7] *Friesenhahn*, Über Begriff und Arten der Rechtsprechung: Festschrift für Thoma, S. 21 ff. (27); auch *Wolff* I, § 19, I, b, 1 (S. 72).
[8] *Schüle*, Der streitentscheidende Verwaltungsakt: Staats- und Verwaltungswissenschaftliche Beiträge, S. 277 ff. (291).
[9] *Menger*, System, S. 40 ff.

les, die Rechtsprechungs- von der Verwaltungstätigkeit abgrenzendes Merkmal die Rechtsanwendung durch einen unbeteiligten Dritten[10] geeignet. Ein unbeteiligter Dritter ist die Verwaltung auch bei streitentscheidenden Verwaltungsakten, wenigstens in vielen Fällen[11]. Im übrigen ist das Kriterium der Rechtsprechung durch einen Dritten kein materielles, sondern ein modales. Nicht geringere Bedenken bestehen gegen eine Unterscheidung nach dem Zweck der Rechtsanwendung in der Weise, daß die Verwaltung das Recht anwende, um das im Einzelfall bestehende Verwaltungsinteresse zu verwirklichen[12], der Richter aber „einzig und allein, um dem Rechtswert zu dienen, der Gerechtigkeit zum Siege zu verhelfen"[13]. Denn im Rechtsstaate haben die Organe und Organwalter aller Gewalten die Pflicht, die ihnen anvertraute Gewalt einzusetzen, um den Staatszweck, einen materiell möglichst gerechten Zustand herzustellen[14], zu erreichen. Diese Aufgabe fällt also sowohl der Rechtsprechung als auch der Verwaltung zu, weshalb beide Gewalten auch nicht nur an das Gesetz, sondern auch an das Recht gebunden sind (Art. 20 Abs. 3 GG).

Das materiell entscheidende Kriterium für die Rechtsprechung kann nur in dem Verhältnis des rechtsanwendenden Organs zu dem angewendeten Rechtssatz gesehen werden. Rechtsprechung ist Beurteilung eines Verhaltens oder Zustandes unter Anwendung eines Rechtssatzes. Der Rechtssatz ist für den Rechtsprechenden also Beurteilungsmaßstab, Beurteilungsnorm, während er für alle anderen, auch für die Verwaltung, Verhaltensmaßstab und Verhaltensnorm ist[15]. Man kann daher Rechtsprechung im materiellen Sinne dahin definieren: Rechtsprechung ist die Beurteilung eines Verhaltens oder eines Zustandes unter Anwendung eines Rechtssatzes als Beurteilungsmaßstabes, der für den zu Beurteilenden Verhaltensmaßstab ist.

B. Der Leistungsbescheid als Akt materieller Rechtsprechung

Wendet die Verwaltung eine Rechtsnorm, die das Verhalten eines Rechtssubjekts als Verhaltensnorm regelt, als Beurteilungsnorm an, so übt sie damit rechtsprechende Tätigkeit im materiellen Sinne aus. Eine

---

[10] z. B. *Menger*, System, S. 46 ff. Auf die Ungeeignetheit der Unabhängigkeit als materielles Unterscheidungsmerkmal weist *Wolff* I, § 19, I (S. 72) hin.
[11] *Wolff* I, § 47, I, d (S. 273).
[12] *Schüle*, Der streitentscheidende Verwaltungsakt: Staats- und Verwaltungswissenschaftliche Beiträge, S. 277 ff. (294); *Nebinger*, Verwaltungsrecht, § 10, I (S. 24/25).
[13] *Schüle*, Der streitentscheidende Verwaltungsakt: Staats- und Verwaltungswissenschaftliche Beiträge, S. 277 ff. (294).
[14] *Maunz-Dürig*, Grundgesetz, Art. 20 Rd.Nr. 59; *v. Mangoldt-Klein*, Das Bonner Grundgesetz, Art. 20 Anm. VI, 1 (S. 600); *Menger*, System, S. 47.
[15] *Bettermann*, Verwaltungsakt und Richterspruch: Gedächtnisschrift für W. Jellinek, S. 361 ff. (363/364 u. 369).

§ 24. Leistungsbescheid und Gewaltgliederungsprinzip 117

Norm, die eine Forderung regelt, spricht aus, wie sich ein Rechtssubjekt zu verhalten hat, nämlich im Falle einer Schadenszufügung etwa oder einer Zuvielzahlung, unter bestimmten Voraussetzungen Schadensersatz zu leisten oder das zuviel Gezahlte zu erstatten. Das von den Rechtsnormen vorgeschriebene Verhalten ist Leistung von Schadensersatz oder Erstattung. Stellt die Verwaltung fest, daß jemand zum Schadensersatz oder zur Erstattung verpflichtet ist, so wendet sie also diese Verhaltensnormen als Beurteilungsnormen an. Mithin übt sie durch den in einem Leistungsbescheid enthaltenen feststellenden Verwaltungsakt Rechtsprechung im materiellen Sinne aus[16]. Damit ist allerdings noch nicht gesagt, daß die Geltendmachung einer Forderung durch Leistungsbescheid und das hierzu ermächtigende Gesetz gegen Art. 20 Abs. 2 GG verstoßen.

C. Die Vereinbarkeit der Ermächtigung zur Geltendmachung von Forderungen durch Leistungsbescheid mit dem Grundsatz der Gewaltgliederung

Ein Verstoß gegen das Grundgesetz aus dem Gesichtspunkt der Gewaltgliederung kann jedoch in einer gesetzlichen Ermächtigung der Verwaltung, durch feststellende Verwaltungsakte materiell Rechtsprechung auszuüben, deshalb nicht gesehen werden, weil Rechtsprechung i. S. des Grundgesetzes nicht nur materielle Rechtsprechung ist. Sie ist auch nicht Rechtsprechung im Sinne *Friesenhahns,* also Rechtsanwendung zur Streitentscheidung. Da Art. 92 GG die Rechtsprechung den nach Art. 97 GG unabhängigen Richtern anvertraut, ist Rechtsprechung i. S. des Grundgesetzes die Rechtsprechung im materiellen Sinne, erweitert durch das modale Element der Ausübung durch unabhängige Dritte[17]. Im übrigen fehlt der Ausübung materieller Rechtsprechung durch die Verwaltung mit dem Erlaß von Leistungsbescheiden auch das für die Rechtsprechung i. S. des Grundgesetzes weiterhin erforderliche Merkmal der endgültigen Entscheidung[18]; denn Leistungsbescheide sind gemäß Art. 19 Abs. 4 GG richterlich überprüfbar. Ein Gesetz, das die Verwaltung zur Geltendmachung von Forderungen durch Leistungsbescheid, der einen feststellenden Verwaltungsakt enthält, ermächtigt, wäre also nicht wegen Verstoßes gegen das Prinzip der Gewaltteilung verfassungswidrig.

---

[16] Vgl. zum Steuerbescheid *Flume,* Steuerwesen und Rechtsordnung: Festschrift für Smend, S. 59 ff. (89, 91, 95 Fußnote 76), freilich ohne dessen Unterscheidung in Handlungs- und Sachentscheidungsnormen zu bejahen; a. A. *Klein,* Steuerwesen und Rechtsordnung: Fin.Arch. Bd. 14 NF (1953/54), S. 1 ff. (insbes. 8 ff.).

[17] *Wolff* I, § 19, II, c (S. 75).

[18] *Wolff* I, § 19, I, c (S. 73).

8. Kap.: Verfassungsrechtliche Grenzen einer gesetzl. Ermächtigung

Durch einen Leistungsbescheid wird auch nicht das verfassungsrechtliche Gebot, daß niemand Richter in eigener Sache sein darf, verletzt[19]. Dieser Grundsatz gilt nämlich *nur* für die richterliche Tätigkeit, und für diese ist wesentlich, daß von einem nichtbeteiligten Dritten entschieden wird[20]. Mit dem Leistungsbescheid trifft dagegen die Verwaltung als Selbstbeteiligte die Entscheidung über ein zwischen ihr und einer Zivilperson bestehendes Rechtsverhältnis.

§ 25. Leistungsbescheid und Übermaßverbot

Verfassungsrechtliche Bedenken gegen ein Gesetz, das der Verwaltung gestattet, Forderungen durch Leistungsbescheid geltend zu machen, ergeben sich allerdings aus einem anderen Gesichtspunkte. Diesen hat etwa *Henrichs* angesprochen, wenn er aus dem Prinzip des Rechtsstaates abzuleiten versucht, daß bei Meinungsverschiedenheiten über Ansprüche des Staates gegen Zivilpersonen der Richter im unmittelbaren Gerichtsverfahren und nicht erst im Rechtsüberprüfungsverfahren zu entscheiden habe[1]. *Henrichs* ordnet die Problematik allerdings in den Fragenkreis um die Gewaltgliederung ein; darauf beruht offensichtlich auch seine Ansicht, daß bei der Geltendmachung von Geldforderungen eine Art Priorität der Rechtsprechung bei der Ausübung der öffentlichen Gewalt bestehen soll.

In Wirklichkeit handelt es sich hier aber nicht um ein Problem der Gewaltgliederung, sondern um ein solches des Übermaßes. Auf unsere Problematik zugeschnitten lautet die Fragestellung, ob eine generelle gesetzliche Regelung der Rechtsbeziehungen zwischen Verwaltung und Zivilperson im Hinblick auf Forderungen als Gewaltverhältnis und die daraus folgende Befähigung und Befugnis der Verwaltung zur Anwendung öffentlicher Gewalt bei der Geltendmachung von Geldforderungen wegen Verstoßes gegen das Übermaßverbot verfassungswidrig ist.

A. Das Übermaßverbot als Verfassungsgrundsatz

Das Übermaßverbot besagt, daß geeignete Mittel, die mehr als erforderlich und unverhältnismäßig sind, verboten sind[2]. Die Erforderlich-

---

[19] Dies nehmen z. B. an: *Achterberg*, Urteilsanmerkung: DVBl. 66, S. 152 f. (153/154); *Dietlein*, Die Geltendmachung: NJW 62, S. 1946 ff. (1948); *Henrichs*, Urteilsanmerkung: NJW 64, S. 2366 ff.; *Rupp*, Der Schadensersatz- und Regreßanspruch: DVBl. 63, S. 577 (581).
[20] *Leibholz-Rinck*, Grundgesetz, Art. 20 Rd.Nr. 35; BVerfG Beschl. 29. 4. 54 — 1 BvR 328/52 —: BVerfGE Bd. 3, S. 377 ff. (381).
[1] *Henrichs*, Urteilsanmerkung: NJW 64, S. 2366 f.
[2] *Lerche*, Übermaß und Verfassungsrecht, S. 19 ff.; *Wolff* I, § 30, II, 3 (S. 142); *Wolff* III, § 138, V (S. 143).

§ 25. Leistungsbescheid und Übermaßverbot

keit eines Mittels und seine Verhältnismäßigkeit zu dem angestrebten Zweck sind wie die Geeignetheit verschiedene Ausprägungen des Übermaßverbotes[3] und dürfen nicht miteinander verwechselt werden[4]. Der Grundsatz der Erforderlichkeit besagt, daß unter mehreren möglichen (= zur Zweckerreichung geeigneten) Mitteln nur dasjenige gewählt wird, das die geringst einschneidenden Folgen hervorruft[5]. Nach dem Grundsatz der Verhältnismäßigkeit muß die Handhabung eines Mittels zur Erreichung eines bestimmten Zwecks diesem gegenüber angemessen, oder negativ ausgedrückt, darf diesem gegenüber nicht unangemessen sein[6]; d. h. die mit der Anwendung eines Mittels verbundenen Nachteile dürfen nicht außer Verhältnis zu dem angestrebten und erreichbaren Erfolg stehen[7]. Das Übermaßverbot ist also eine Frage der Beschränkung des belastenden staatlichen Eingriffs auf das notwendige Maß, ein Problem des Rechtsstaates[8], und steht in engem Zusammenhang mit der Vorstellung von der Freiheit des einzelnen gegenüber dem Staate[9]. So wird es denn, als rechtsstaatlicher Grundsatz ohnehin anerkannt[10], als grundrechtlich geboten behandelt oder sogar als Grundrecht eingestuft[11].

Ohne auf die einzelnen Thesen und Begründungen einzugehen[12], kann festgehalten werden, daß das Übermaßverbot jedenfalls Verfassungsrang[13] hat und über seine historische Entwicklung aus dem Polizei- und

---

[3] *Lerche*, Übermaß und Verfassungsrecht, S. 21; *Hoppe*, Der Fortbestand wirtschaftslenkender Maßnahmegesetze bei Änderung wirtschaftlicher Verhältnisse: DöV 65, S. 546 ff. (551); *Wolff* III, § 138, V (S. 143).

[4] *Lerche*, Übermaß und Verfassungsrecht, S. 19 ff.; vgl. vor allem die eingehenden Darlegungen von *v. Krauß*, Der Grundsatz der Verhältnismäßigkeit, S. 14 ff. (17), der allerdings unter Verhältnismäßigkeit i. w. S. sowohl die Erforderlichkeit als auch die Verhältnismäßigkeit i. e. S. versteht (S. 15, 16).

[5] *Lerche*, Übermaß und Verfassungsrecht, S. 19; *v. Krauß*, Der Grundsatz der Verhältnismäßigkeit, S. 15; *Wolff* III, § 138, V, b (S. 143).

[6] *Lerche*, a.a.O.; *v. Krauß*, a.a.O., S. 14; BVerfG U. 11.6.58 — 1 BvR 596/56 —: BVerfGE Bd. 7, S. 377 ff. (405).

[7] *Wolff* III, § 138, V, c (S. 143).

[8] BVerfG Beschl. 7. 4. 64 — 1 BvL 12/63 —: DVBl. 64, S. 434 ff. (435).

[9] *Dürig* spricht von dem Übermaßverbot als „einem Gesamtprinzip" unserer Staatlichkeit (*Maunz-Dürig*, Grundgesetz, Art. 2 Abs. 1, S. 73 Anm. 1).

[10] BVerfG Beschl. 7. 5. 53 — 1 BvL 104/52 —: BVerfGE Bd. 2, S. 266 ff. (280/281); BVerfG U. 11. 6. 58 — 1 BvR 596/56 —: BVerfGE Bd. 7, S. 377 ff. (407); BVerfG Beschl. 16. 6. 59 — 2 BvR 71/57 —: BVerfGE Bd. 9, S. 339 ff. (346); BVerfG U. 29. 7. 59 — 1 BvR 394/58 —: BVerfGE Bd. 10, S. 89 ff. (103, 109, 117); BVerfG Beschl. 7. 4. 64 — 1 BvL 12/63 —: BVerfGE Bd. 17, S. 306 ff. (314); BVerfG Beschl. 15. 12. 65 — 1 BvR 513/65 —: BVerfGE Bd. 19, S. 342 ff. (348/349).

[11] BVerfG Beschl. 16. 9. 59 — 2 BvR 71/57 —: BVerfGE Bd. 9, S. 339 ff. (346); *v. Krauß*, Der Grundsatz der Verhältnismäßigkeit, S. 26 ff. (39, 41/42, 51/52).

[12] Vgl. dazu die eingehenden Darlegungen von *Lerche*, Übermaß und Verfassungsrecht, S. 29 ff., 250 ff.

[13] Am deutlichsten: BVerfG Beschl. 15. 12. 65 — 1 BvR 513/65 —: BVerfGE Bd. 19, S. 342 ff. (348/349).

Verwaltungsrecht[14] hinaus nicht nur die Verwaltung, sondern auch die Gesetzgebung bindet[15]. Ein gegen das Übermaßverbot verstoßendes Gesetz wäre also verfassungswidrig.

B. Die Meßbarkeit der Anwendung hoheitlicher Gewalt unter dem Gesichtspunkt des Übermaßes

Ehe allerdings in eine Prüfung der Frage eingetreten werden kann, ob die Anwendung hoheitlicher Gewalt zur Geltendmachung von Forderungen durch die Verwaltung gegen das Übermaßverbot verstößt, muß untersucht werden, ob eine solche Prüfung überhaupt möglich ist. Dem Übermaßverbot unterliegt ein Mittel oder eine Maßnahme, d. h. ein materiell-rechtlich bedeutsames Instrument[16]. Demnach würde die Anwendung hoheitlicher Gewalt als reine Handlungsform nicht an den Grundsätzen der Geeignetheit, Erforderlichkeit oder Verhältnismäßigkeit meßbar sein. Nun haben wir aber erkannt, daß das hoheitliche Handeln der Verwaltung durch seine Verbindlichkeit an sich schon den Betroffenen materiell beeinträchtigt[17], woraus die immanente Eingriffswirkung des Leistungsbescheides abgeleitet wurde. Das hoheitliche Handeln der Verwaltung durch Verwaltungsakt ist also keineswegs nur Form, sondern selbst Maßnahme und materiell-rechtlich von Bedeutung. Es ist nur folgerichtig, die Anwendung hoheitlicher Gewalt durch die Verwaltung an den genannten Grundsätzen zu messen. Denn, wenn wir in der Anwendung hoheitlicher Gewalt durch Verwaltungsakt einen Eingriff sehen, so ist es denkbar, daß auch dieser Eingriff nicht erforderlich oder unangemessen ist.

C. Die Verletzung des Übermaßverbotes durch die Anwendung hoheitlicher Gewalt zur Geltendmachung von Geldforderungen

Zur Geltendmachung von Geldforderungen ist der Leistungsbescheid ein geeignetes Mittel, da er bei Verweigerung freiwilliger Zahlung durch den Schuldner in Bestandskraft erwachsen und nach den Verwaltungsvollstreckungsgesetzen vollstreckt werden kann, also der Verwaltung die Möglichkeit gibt, sich selbst ihr Recht zu verschaffen. Dagegen einzuwenden, es fehle schon an der Geeignetheit, weil der durch ihn in Anspruch Genommene den Leistungsbescheid anfechten könne und somit

---

[14] *Drews-Wacke*, Allgemeines Polizeirecht, § 10, 6, 7 u. 8 (S. 168 ff.).

[15] *v. Krauß*, a.a.O., S. 51; *Lerche*, a.a.O., S. 58; BVerfG Beschl. 7. 5. 53 — 1 BvL 104/52 —: BVerfGE Bd. 2, S. 266 ff. (280/281); BVerfG Beschl. 17. 7. 61 — 1 BvL 44/55 —: BVerfGE Bd. 13, S. 97 ff. (114/115); BVerfG Beschl. 10. 6. 63 — 1 BvR 790/58 —: BVerfGE Bd. 16, S. 194 ff. (202); BVerfG Beschl. 7. 4. 64 — 1 BvL 12/63 —: BVerfGE Bd. 17, S. 306 ff. (314).

[16] *Lerche*, a.a.O., S. 19.

[17] Vgl. oben § 6 A.

letztlich doch ein Richterspruch erforderlich werde, um der Verwaltung zu ihrem Recht zu verhelfen, ist schon deshalb verfehlt, weil man mit diesem Argument jeden Verwaltungsakt als ungeeignete Maßnahme qualifizieren müßte.

I. Die hoheitliche Geltendmachung von Forderungen und das Prinzip der Erforderlichkeit

Der Grundsatz der Erforderlichkeit besagt, daß unter mehreren möglichen, zur Zweckerreichung geeigneten Mitteln nur dasjenige gewählt werden darf, das die geringst einschneidenden Folgen hervorruft. Voraussetzung für die Prüfung der Erforderlichkeit ist also, daß der Verwaltung mehrere mögliche Mittel zur einseitigen, selbständigen Rechtsverwirklichung zu Gebote stehen. Da der auf der öffentlichen Gewalt beruhende Verwaltungsakt und damit die öffentliche Gewalt selbst das einzige Mittel sind, das der Verwaltung zur selbständigen Geltendmachung von Forderungen zur Verfügung steht, fehlt es an der Vielfalt der Mittel. Wenn aber nur ein Mittel vorhanden ist, so kann dieses auch nur das allein erforderliche sein, weil es denknotwendig kein weniger einschneidendes Mittel gibt. Deshalb ist der Leistungsbescheid als Form der Anwendung hoheitlicher Gewalt zur Geltendmachung von Forderungen mit dem Grundsatz der Erforderlichkeit vereinbar.

Da die Erforderlichkeit der Anwendung der öffentlichen Gewalt durch die Verwaltung überhaupt geprüft werden sollte, kann das gefundene Ergebnis nicht mit dem Hinweis auf möglicherweise bestehende inhaltliche Differenzierungen bei der Gewaltanwendung (z. B. mildere und stärkere Maßnahmen) erschüttert werden. Es darf nämlich nicht übersehen werden, daß bei aller inhaltlichen Differenzierung immer die Anwendung öffentlicher Gewalt bestehen bleibt und ihre Wirkung unverändert ist: Die auf sie gegründete Verwaltungshandlung besitzt Verbindlichkeit mit allen daraus folgenden Beschränkungen der Freiheitssphäre, der wirtschaftlichen Lage und der Drängung der Zivilperson in eine Abwehrstellung.

II. Die hoheitliche Geltendmachung von Forderungen und das Prinzip der Verhältnismäßigkeit

Wenn die Anwendung hoheitlicher Gewalt durch Leistungsbescheid auch das erforderliche Mittel zur selbständigen Geltendmachung von Geldforderungen ist, so ist damit noch nicht gesagt, daß sie auch angemessen ist. Der Grundsatz der Verhältnismäßigkeit verlangt nämlich, daß das Mittel im Verhältnis zu dem angestrebten Zweck nicht unangemessen sein darf. Während nach dem Grundsatz der Erforderlichkeit nur die Individualbelange berücksichtigt werden, indem nach dem am wenigsten einschneidenden Mittel gefragt wird, und bei der Existenz nur eines Mittels dieses auch immer erforderlich sein muß, kann nach dem Grundsatz der Verhältnismäßigkeit der Fall eintreten, daß die Zweckverfolgung aufgegeben werden muß, weil ein diesem Zweck angemessenes Mittel nicht vorhanden ist. Dies ist etwa dann der Fall, wenn die Zweckerreichung im Verhältnis zum Übel des Einzeleingriffs für die Allgemeinheit von unzureichender Bedeutung ist[18]. Zur Prüfung der Anwendung öffentlicher Gewalt zur einseitigen, selbständigen Geltendmachung von Geldforderungen an dem Grundsatz der Verhältnismäßigkeit ist diese mit dem durch sie angestrebten Zweck in Beziehung zu setzen. Die Fragestellung lautet also: Ist die Anwendung öffentlicher Gewalt in den genannten Fällen durch eine Verwaltungsbehörde angemessen? Abzuwägen ist also zwischen dem Interesse an der Anwendung öffentlicher Gewalt durch die Verwaltung und dem Interesse an der Nichtbeeinträchtigung der Rechtssphäre des einzelnen für die an der Maßnahme Interessierten[19].

Die Anwendung öffentlicher Gewalt zur Durchsetzung einer Forderung ist nicht grundsätzlich unangemessen und verfassungswidrig. Dies ist schon daraus zu ersehen, daß auch die Inanspruchnahme eines Gerichts zur Anwendung öffentlicher Gewalt führt, denn die Urteilsfällung ist auch Äußerung und die darauf folgende Vollstreckung Anwendung öffentlicher Gewalt. Die Verwaltung wendet sie allerdings in einer ganz besonderen Weise an: Gerade bei der Geltendmachung von Forderungen stellt sie sich als ein Akt der Selbsthilfe[20] dar, weil auf Grund der öffentlichen Gewalt die Verwaltung ihre Forderung einseitig, selbständig festsetzen, eine entsprechende Zahlungspflicht der Zivilpersonen aussprechen und gegebenenfalls auch selbst vollstrecken kann[21]. Wenn man auf die Einseitigkeit und Verbindlichkeit allein abstellt, so würde letztlich alle

---

[18] *v. Krauß*, Der Grundsatz der Verhältnismäßigkeit, S. 16, insbes. S. 43 im Anschluß an die Entscheidung des BayVerfGH vom 17. 8. 1949 — Vf 82 — II — 48 —: Verw.Rspr. Bd. 2, S. 7 ff. (8/15).

[19] *v. Krauß*, a.a.O., S. 16.

[20] *Wacke*, „Leistungsbescheide" gegen Beamte: DöV 66, S. 311 ff. (312).

[21] Dagegen kann nicht eingewandt werden, daß auch durch die Gerichte Selbsthilfe des Staates ausgeübt würde. Zwar sind Gerichte wie die Verwaltungsbehörden Organe desselben Staates. Hier kommt der Gewaltteilung, wonach die Rechtsprechung durch „besondere" Organe der Staatsgewalt wahrgenommen wird, ihre Bedeutung zu: Durch sie wird dem Richter eine Stellung wie einem unbeteiligten Dritten auch gegenüber dem Staat gegeben (BVerfG Beschl. 9. 11. 55 — 1 BvL 13/52 / 1 BvL 21/52 —: BVerfGE Bd. 4, S. 331 ff. (346)). Diese Stellung des Richters wird durch die Garantie des Art. 97 GG besonders deutlich.

§ 25. Leistungsbescheid und Übermaßverbot

Anwendung öffentlicher Gewalt durch die Verwaltung zur Selbsthilfe[22]. Gleichwohl bestehen Unterschiede. So ist z. B. die Geltendmachung von Abgabenforderungen immer von dem konkret bestimmten Verbandszweck getragen, die Finanzpflichten der Bürger zu realisieren, ohne deren Erbringung der Staat nicht funktionsfähig wäre oder bliebe; oder: die Anwendung hoheitlicher Gewalt zur Aufrechterhaltung oder Wiederherstellung der öffentlichen Ordnung dient unmittelbar dem Zweck, den Verband in seiner guten Ordnung zu erhalten. Überall, wo die Anwendung hoheitlicher Gewalt unmittelbar oder mittelbar einem konkret bestimmten Verbandszweck dient, muß der Bürger den einseitigen Eingriff in seine Freiheitssphäre hinnehmen, damit das überwiegende öffentliche Interesse gewahrt bleibt[23]. Hier kann die Verwaltung ein langwieriges Gerichtsverfahren häufig nicht abwarten um der Existenz des Verbandes und seiner Ordnung willen.

Bei der Geltendmachung von Geldforderungen, die nicht Abgabenforderungen sind, steht aber das Verbands- und Allgemeininteresse bei weitem nicht in gleichem Maße im Vordergrund. Durch längeres Ausbleiben etwa einer Schadensersatz- oder Erstattungsleistung infolge eines Gerichtsverfahrens würde eine Verbandsgefährdung oder überhaupt Beeinträchtigung des Allgemeininteresses nicht eintreten. Es fehlt daher an dem inneren Grund der Anwendung öffentlicher Gewalt durch die Verwaltung: nämlich dieser rasches Handeln und wirkungsvolles Durchsetzen höherwertiger Interessen zu ermöglichen, die allein einen einseitigen Eingriff durch die Verwaltung in die Rechtssphäre der Zivilperson ohne vorherige gerichtliche Entscheidung rechtfertigen kann.

Dem geringen Interesse der Allgemeinheit an der raschen Beitreibung von Geldforderungen durch das hoheitliche Eingriffsmittel des Leistungsbescheides steht jedoch eine erhebliche Beeinträchtigung der Freiheitssphäre des Betroffenen gegenüber. Durch den Leistungsbescheid wird er in eine Abwehrlage gedrängt, die erheblich schlechter ist als die des Beklagten im Prozeß. Es ist eine Abwehrlage, die zum prozessualen Angriff zwingt mit allen Risiken, die mit einer Klageerhebung verbunden sind. Dem Adressaten eines Leistungsbescheides wird die Entscheidung aufgebürdet, ob er die mit einem Prozeß einhergehenden Unannehmlichkeiten auf sich nehmen will, die nicht nur in einem Aufwand an Zeit und psychischer Belastung bestehen, sondern auch in einer erheblichen wirtschaftlichen Belastung zu sehen sind. Der Kläger muß nämlich

---

[22] In einer gewissen Weise ist sie es auch tatsächlich, wenn man die Verwaltung als Teil des Staates begreift: nämlich immer Selbsthilfe für den Staat.
[23] Es handelt sich hier um die Einschränkung des Freiheitsbereichs durch den sozialen Zweck; vgl. dazu *Schnorr*, Die Rechtsidee im Grundgesetz: AöR Bd. 85 (1960), S. 121 ff. (138).

Kosten- und Gebührenvorschüsse leisten und trägt bei Unterliegen nach dem Veranlassungsprinzip die gesamten Kosten; er hat also das Kostenrisiko. Alle diese Nachteile muß die durch Leistungsbescheid in Anspruch genommene Zivilperson innerhalb kurzer Frist abwägen, um unter dem Druck der Rechtsmittelfristen zu entscheiden, ob er überhaupt seine Rechte verteidigen will.

Gemessen an dem geringen Allgemeininteresse an der hoheitlichen Geltendmachung von Geldforderungen, die nicht Abgabenforderungen sind, wird der durch einen Leistungsbescheid Betroffene unverhältnismäßig belastet. Hier wird der Zivilperson mehr an Opfer abverlangt, als das Allgemeininteresse gebietet[24]. Da also mit der Anwendung hoheitlicher Gewalt durch die Verwaltung zur Geltendmachung von Geldforderungen stärker in den Freiheitsbereich des einzelnen eingegriffen wird, als es für den Schutz der Allgemeininteressen notwendig ist, ist sie unangemessen und verstößt gegen das Übermaßverbot. Ein Gesetz aber, das der Verwaltung ein übermäßiges Handeln erlaubt, wäre verfassungswidrig. Durch das verfassungsrechtliche Übermaßverbot ist der Gesetzgeber daher gehindert, evtl. im Rahmen eines allgemeinen Verwaltungsverfahrensgesetzes der Verwaltung die rechtliche Befugnis zur Geltendmachung von Forderungen durch Leistungsbescheid zu geben.

§ 26. Zusammenfassung und Folgerungen

Eine generelle gesetzliche Ermächtigung der Verwaltung zur Geltendmachung öffentlich-rechtlicher Forderungen gegen Zivilpersonen durch Leistungsbescheid wäre verfassungswidrig.

Wenn auch durch den feststellenden Teil eines Leistungsbescheides materiell Rechtsprechung ausgeübt wird, so ist darin noch kein Verstoß gegen den Gewaltgliederungsgrundsatz zu sehen; denn mit der gesetzlichen Übertragung materieller Rechtsprechung durch die selbständige Feststellung des Umfanges von Forderungen wird keine Rechtsprechung i. S. des Grundgesetzes erlaubt. Rechtsprechung i. S. des Grundgesetzes ist nämlich Rechtsprechung durch unabhängige Richter mit Letztverbindlichkeit.

Die Verfassungswidrigkeit einer generellen gesetzlichen Ermächtigung des genannten Inhalts ergäbe sich jedoch aus dem Grundsatz des Übermaßverbotes, das Verfassungsrang hat und sowohl die Verwaltung als

---

[24] *Dürig*, Der Grundrechtssatz von der Menschenwürde: AöR Bd. 81 (1956), S. 117 ff. spricht sogar von einer „Degradierung des Menschen zum Objekt, wenn man ihn mit härteren Mitteln belegt, als sie vom zu erreichenden Gemeinwohl gefordert werden" (S. 146).

§ 26. Zusammenfassung und Folgerungen

auch die Gesetzgebung bindet. Eine generelle Befugnis der Verwaltung, Geldforderungen hoheitlich durch Leistungsbescheid geltend zu machen, verstößt gegen das Übermaßverbot, weil die Einsetzung öffentlicher Gewalt durch die Verwaltung selbst sich bei der Geltendmachung von Forderungen als Selbsthilfe darstellt und diese im Verhältnis zu den Nachteilen, die der Betroffene erleidet (Überbürdung des Kostenrisikos, der Entscheidung zur Anrufung der Gerichte usw.), unangemessen ist.

Wenn auch die generelle Ermächtigung der Verwaltung zur hoheitlichen Geltendmachung von Forderungen gegen das Übermaßverbot verstieße, so ist doch denkbar, daß in bestimmt gelagerten Fällen spezielle Ermächtigungen mit den Grundsätzen der Geeignetheit, Erforderlichkeit und Verhältnismäßigkeit vereinbar sind. Eine Untersuchung der bereits bestehenden Ermächtigungen (insbes. des Erstattungsgesetzes vom 18. April 1937)[1] auf ihre Verfassungsmäßigkeit würde über den Rahmen dieser Abhandlung allerdings hinausgehen. Daß das Erstattungsgesetz mit der von *Brand* referierten Begründung, daß Gemeinnutz vor Eigennutz gehe[2], nicht mehr aufrechterhalten werden kann, bedarf unter der Herrschaft des Grundgesetzes allerdings keiner weiteren Erläuterungen.

---

[1] Vgl. dazu die kritischen Bemerkungen von *Rupp*, Der Schadensersatz- und Regreßanspruch: DVBl. 63, S. 577 ff. (581).

[2] *Brand*, Das Deutsche Beamtengesetz, S. 368.

§ 27. Zusammenfassende Leitsätze

1. Die Frage nach den rechtlichen Möglichkeiten der Verwaltung, öffentlich-rechtliche Geldforderungen geltend zu machen, ist hauptsächlich im Hinblick auf Schadensersatz- und Erstattungsansprüche im öffentlichen Dienstrecht aufgeworfen worden. Sie ist aber in allen Fällen von Geldforderungen zu stellen: bei Abgabenforderungen (Steuern, Beiträgen, Gebühren und Kosten) ebenso wie bei Schadensersatz-, Erstattungs- und Forderungen aus verwaltungsrechtlichen Verträgen. In Anbetracht der immer umfangreicher werdenden Leistungsverwaltung liegt das Hauptgewicht der Problematik allerdings im Bereich des Erstattungsanspruches.

2. Für die Geltendmachung von öffentlich-rechtlichen Geldforderungen des Staates gegen Zivilpersonen kommen der Erlaß eines Leistungsbescheides und die Leistungsklage vor den Verwaltungsgerichten in Frage.

3. Der Leistungsbescheid, der aus einem feststellenden Verwaltungsakt und einer Verfügung zusammengesetzt ist, hat allein wegen seiner Verbindlichkeit eine immanente Eingriffswirkung. Er ist daher nicht allein Handlungsform, sondern selbst Maßnahme und steht aus diesem Grunde unter dem Eingriffsvorbehalt.

4. Für die Geltendmachung von öffentlich-rechtlichen Geldforderungen durch Leistungsbescheid ist zwischen der Befähigung und der Befugnis der Verwaltung zu einseitigem, hoheitlichen Handeln zu unterscheiden.

a) Die Befugnis zu hoheitlichem Handeln durch Leistungsbescheid setzt wegen seiner immanenten Eingriffswirkung eine gesetzliche Ermächtigung voraus.

b) Die Befähigung zu einseitigem Handeln setzt das Bestehen eines Verhältnisses der Über-/Unterordnung, also ein Gewaltverhältnis, zwischen Verwaltung und Zivilperson voraus. Wenn die Verwaltung befähigt sein soll, öffentlich-rechtliche Geldforderungen einseitig durch Leistungsbescheid geltend zu machen, muß daher neben einem Forderungsverhältnis immer ein Gewaltverhältnis vorliegen, das seiner Zweckbestimmung nach auf die Abwicklung vermögensrechtlicher Beziehungen gerichtet ist.

5. Die Frage, ob ein Gewaltverhältnis zwischen Verwaltung und Zivilperson besteht, ist zunächst vom Rechtssatz her zu beurteilen.

§ 27. Zusammenfassende Leitsätze

a) Rechtssätze, die inhaltlich genau bestimmte oder rechnerisch bestimmbare Leistungspflichten der Zivilpersonen erzeugen, bringen lediglich Forderungsverhältnisse hervor. Rechtssätze regeln die Beziehungen zwischen Verwaltung und Zivilperson als Gewaltverhältnis, wenn sie der Verwaltung die Möglichkeit geben, einseitig den Willen der Zivilperson inhaltlich zu bestimmen, und der Zivilperson eine Gehorsamspflicht auferlegen.

b) Die Befähigung der Verwaltung zur hoheitlichen Geltendmachung von Forderungen kann nicht aus einem Vollstreckungsgesetz entnommen werden, weil dieses Vollstreckungsverhältnisse begründet, Leistungsbescheide aber Regelungsakte sind.

c) Da die Unterscheidung von Forderungs- und Gewaltverhältnissen zu treffen ist und öffentlich-rechtliche Forderungen regelnde Rechtssätze grundsätzlich Forderungsverhältnisse begründen, kann aus der öffentlich-rechtlichen Natur von Forderungen kein Schluß auf die Befähigung der Verwaltung zu deren hoheitlicher Geltendmachung gezogen werden.

6. Eine Befähigung zu hoheitlichem Handeln der Verwaltung ergibt sich nicht generell aus dem allgemeinen Gewaltverhältnis. Dieses ist infolge der konsequenten Durchführung des Gewaltgliederungs- und Gesetzmäßigkeitsprinzips unter dem Grundgesetz zu einer abstrakten Kategorie des Verfassungs- und Staatsrechts geworden ohne konkreten Inhalt für die Beziehungen zwischen Verwaltung und Zivilperson.

7. Auch aus einem besonderen Gewaltverhältnis (z. B. Beamtenverhältnis) kann eine Befähigung der Verwaltung zur hoheitlichen Geltendmachung von Forderungen durch Leistungsbescheid nicht entnommen werden. Da die Befähigung zur Gewaltausübung im besonderen Gewaltverhältnis nicht weiter reicht als der Zweck der beiden Teilverhältnisse des besonderen Gewaltverhältnisses, ist dies nur anzunehmen, wenn der Zweck des besonderen Gewaltverhältnisses gerade die Geltendmachung von Geldforderungen ist oder diese doch wesentlich vom Zweck des Gewaltverhältnisses mitumfaßt wird. Für eine Befähigung zur hoheitlichen Geltendmachung von Forderungen reicht dagegen nicht aus, daß die Forderung (z. B. einer öffentlich-rechtlichen Gebühr) dem Zweck des jeweiligen Gewaltverhältnisses dient.

8. Die besonderen Gewaltverhältnisse des öffentlichen Dienstrechts (Beamten- und Soldatenverhältnis) geben der Verwaltung keine Befähigung zur hoheitlichen Geltendmachung von Schadensersatz- und Erstattungsforderungen. Dies kann vor allem nicht aus dem Erstattungsgesetz vom 18. April 1937 geschlossen werden.

9. Auch wenn man die strukturelle Befähigung zur hoheitlichen Geltendmachung von Geldforderungen aus dem allgemeinen oder besonde-

ren Gewaltverhältnis herleiten könnte, so würde wegen der immanenten Eingriffswirkung des Leistungsbescheides die Befugnis, im Einzelfall von der Befähigung Gebrauch zu machen, doch eine gesetzliche Ermächtigung voraussetzen. Von wenigen Ausnahmen abgesehen (z. B. §§ 210, 211, 212 RAO, § 205 BEG, Erstattungsgesetz vom 18. April 1937) sind im geltenden Recht solche Ermächtigungen nicht vorhanden.

10. Die Befähigung und Befugnis der Verwaltung zur hoheitlichen Geltendmachung von öffentlich-rechtlichen Geldforderungen kann nicht aus einem allgemeinen Rechtsgrundsatz oder Gewohnheitsrecht hergeleitet werden.

11. Die Verwaltung muß gegen den säumigen oder zahlungsunwilligen Schuldner einer öffentlich-rechtlichen Geldleistung Leistungsklage vor den Verwaltungsgerichten erheben.

12. Die Klageerhebung ist eine Verwaltungshandlung schlicht-verwaltender Art. Sie ist als Verwaltungstätigkeit aus der Gleichordnung zwischen Verwaltung und Zivilperson heraus mit dem Begriff der Verwaltung vereinbar. Die Gleichordnung zwischen Verwaltung und Zivilperson steht auch nicht im Gegensatz zum System des Verwaltungsrechts als Teil des öffentlichen Rechts. Öffentliches Recht ist nicht das Recht der Über-/Unterordnungsverhältnisse zwischen Verwaltung und Zivilperson, sondern der Inbegriff der Rechtssätze, die nur Subjekten hoheitlicher Verwaltung zuzuordnen sind.

13. Die öffentliche Vermögensverwaltung, zu der auch die Geltendmachung von Forderungen gehört, ist im Gegensatz zur Verbandsverwaltung vom Grundsatz der Gleichordnung beherrscht. Die Klage ist ihre zur Geltendmachung von öffentlich-rechtlichen Geldforderungen wesensgemäße Handlungsform.

14. Eine generelle gesetzliche Ermächtigung der Verwaltung zur hoheitlichen Geltendmachung öffentlich-rechtlicher Forderungen wäre wegen Verstoßes gegen das Übermaßverbot verfassungswidrig. Ob spezielle Ermächtigungen mit dem Übermaßverbot vereinbar sind, muß jeweils an dem Grundsatz der Verhältnismäßigkeit geprüft werden.

15. Es ist nicht ausgeschlossen, daß das Erstattungsgesetz vom 18. April 1937 wegen eines Verstoßes gegen den Grundsatz der Verhältnismäßigkeit als verfassungswidrig anzusehen ist.

Literaturverzeichnis

Achterberg, Norbert: Anmerkungen zu den Urteilen des Bundesverwaltungsgerichts vom 28. 6. 65 — VIII C 10/65 — und 19. 9. 64 — II C 147/61 —; VGH München U. 3. 11. 64 — Nr. 82 VIII 63 —: DVBl. 66, S. 152—155.

Anschütz, Gerhard: Das Recht des Verwaltungszwanges in Preußen: Verw. Arch. Bd. 1 (1893), S. 389—470.

— Die gegenwärtigen Theorien über den Begriff der gesetzgebenden Gewalt und den Umfang des königlichen Verordnungsrechts nach preußischem Staatsrecht, 2., vermehrte u. umgearbeitete Auflage, Tübingen und Leipzig 1901.

Apelt, Willibalt: Der verwaltungsrechtliche Vertrag: AöR Bd. 84 (1959), S. 249—273.

Bachof, Otto: Begriff und Wesen des sozialen Rechtsstaates: VVDStL, Heft 12 (1954), S. 37—79.

— Das Ende des deutschen Verwaltungsrechts? DöV 58, S. 27—29.

— Verfassungsrecht, Verwaltungsrecht, Verfahrenrecht in der Rechtsprechung des Bundesverwaltungsgerichts, 2. Auflage, Tübingen 1964.

— Die Rechtsprechung des Bundesverwaltungsgerichts: JZ 66, S. 11—16; S. 58—66.

Baring, Martin: Zur Problematik eines Verwaltungsverfahrensgesetzes: DVBl. 65, S. 180—189.

Becker, Erich: Verwaltung und Verwaltungsrechtsprechung: VVDStL, Heft 14 (1956), S. 96—135.

Becker, Franz: Das allgemeine Verwaltungsverfahren in Theorie und Gesetzgebung, Stuttgart-Bruxelles 1960.

Becker, Enno, Alfred *Riewald* und Carl *Koch:* Reichsabgabenordnung mit Nebengesetzen, Bd. 1, 9., neu bearbeitete u. erweiterte Auflage, Köln-Berlin-Bonn-München 1963 (zit.: *Becker-Riewald-Koch,* Reichsabgabenordnung).

Bettermann, Karl-August: Verwaltungsakt und Richterspruch, in: Forschungen und Berichte aus dem öffentlichen Recht, Gedächtnisschrift für Walter Jellinek, München 1955, S. 361—389.

— Das Verwaltungsverfahren: VVDStL, Heft 17 (1959), S. 118—182.

— Anmerkung zu dem Urteil des BSG vom 16. 8. 1961 — 11 RV 1112/60 —: DVBl. 1961, S. 921—923 (zit.: *Bettermann,* Urteilsanmerkung).

Brand, Arthur: Das deutsche Beamtengesetz, 2., unveränderte Auflage, Berlin 1938.

Buckert, Sigurd: Heranziehung eines Beamten zur Leistung von Schadensersatz durch Verwaltungsakt: ZBR 67, S. 1—4 (zit.: *Buckert,* Heranziehung eines Beamten).

Bühler, Ottmar: Finanzgewalt im Wandel der Verfassungen: Festschrift für Richard Thoma, Tübingen 1950, S. 1—19.

Bullinger, Martin: Vertrag und Verwaltungsakt, Stuttgart 1962.

Dietlein, Max-Joseph: Die Geltendmachung von Schadensersatzansprüchen im besonderen Gewaltverhältnis: NJW 62, S. 1946—1949 (zit.: *Dietlein,* Die Geltendmachung).

— Anmerkung zu dem Urteil des Bundesverwaltungsgerichts vom 6. 5. 1964 — VIII C 394/93 —: DVBl. 64, S. 923—924 (zit.: *Dietlein,* Urteilsanmerkung).

Drews, Bill und Gerhard *Wacke:* Allgemeines Polizeirecht, 7., völlig erneuerte Auflage, Berlin-Köln-München-Bonn 1961.

Dürig, Günter: Art. 2 des Grundgesetzes und die Generalermächtigung zu allgemeinpolizeilichen Maßnahmen: AöR Bd. 79 (1953/1954), S. 57—86.

— Der Grundrechtssatz von der Menschenwürde: AöR Bd. 81 (1956), S. 117—157.

Ehrenberg, Victor: Commendation und Huldigung nach fränkischem Recht, Weimar 1877 (zit.: Commendation und Huldigung).

Enneccerus, Ludwig und Hans-Carl *Nipperdey:* Allgemeiner Teil des Bürgerlichen Rechts, 1. Halbband, 15., neubearbeitete Auflage, Tübingen 1959.

Eschenburg, Theodor: Staat und Gesellschaft in Deutschland, 3. Auflage, München 1963.

Evers, Hans-Ulrich: Verfassungsrechtliche Bindungen fiskalischer Regierungs- und Verwaltungstätigkeit: NJW 60, S. 2073—2076.

Eyermann, Erich und Ludwig *Fröhler:* Verwaltungsgerichtsordnung, Kommentar, 4. Auflage, München und Berlin 1965.

Fellner, Michael: Zur Regelung des Verwaltungsverfahrens in den Ländern: Verw.Arch. Bd. 48 (1957), S. 95—111.

Fenge, Horst: Die verwaltungsgerichtliche Feststellungsklage bei drohenden Verwaltungsakten: DöV 56, S. 392—394.

Fleiner, Fritz: Institutionen des Deutschen Verwaltungsrechts, 8., neu bearbeitete Auflage, Tübingen 1928 (zit.: *Fleiner,* Institutionen).

Flume, Werner: Steuerwesen und Rechtsordnung, in: Rechtsprobleme in Staat und Kirche, Festschrift für Rudolf Smend, Göttingen 1952, S. 59—101 (zit.: *Flume,* Steuerwesen und Rechtsordnung, in: Festschrift für Smend).

Forsthoff, Ernst: Verfassungsprobleme des Sozialstaats, Münster 1954.

— Anmerkung zu dem Urteil des Bundesverwaltungsgerichts vom 24. 10. 56 — V C 236/54 —: DVBl. 57, S. 724—726 (zit.: *Forsthoff,* Urteilsanmerkung).

— Diskussionsbeitrag: VVDStL, Heft 17 (1959), S. 222.

— Lehrbuch des Verwaltungsrechts, 1. Bd., Allgemeiner Teil, 8., neu bearbeitete Auflage, München und Berlin 1961 (zit.: *Forsthoff,* Lehrbuch).

— Lehrbuch des Verwaltungsrechts, 1. Bd., Allgemeiner Teil, 9., neu bearbeitete Auflage, München und Berlin 1966 (zit.: *Forsthoff,* Lehrbuch, 9. Aufl.).

Friesenhahn, Ernst: Über Begriff und Arten der Rechtsprechung: Festschrift für Richard Thoma, Tübingen 1950, S. 21—69.

— Die Rechtsstaatlichen Grundlagen des Verwaltungsrechts, in: Recht, Staat, Wirtschaft, 2. Bd., Stuttgart und Köln 1950, S. 239—281.

von Gerber, Carl-Friedrich: Grundzüge des Deutschen Staatsrechts, 3. Auflage, Leipzig 1880.

Giacometti, Zacharias: Allgemeine Lehren des rechtsstaatlichen Verwaltungsrechts, 1. Bd., Zürich 1960 (zit.: *Giacometti*, Allgemeine Lehren).

Glücklich: Anmerkung zu dem Urteil des LSG Baden-Württemberg vom 18. 2. 55 — III A 55/53 —: Die Sozialgerichtsbarkeit 1956, S. 300—301.

Götz, Volkmar: Verzinsung öffentlich-rechtlicher Geldforderungen: DVBl. 61, S. 433—439.

Hatschek, Julius und Paul *Kurtzig:* Lehrbuch des deutschen und preußischen Verwaltungsrechts, 7. u. 8. Auflage, Leipzig 1931.

Haueisen, Fritz: Erstattungsansprüche im öffentlichen Recht: NJW 54, S. 977—980.

— Nochmals: Erstattungsansprüche im öffentlichen Recht: NJW 55, S. 212—214.

— Die Rechtsgrundlage der Vollstreckung des Verwaltungsaktes: NJW 56, S. 1457—1460.

— Rücknahme oder Widerruf von Verwaltungsakten als Voraussetzung von Rückforderungsansprüchen der Verwaltung: Die Ortskrankenkasse 1958, S. 421—426.

— Das Verhältnis von Norm und Verwaltungsakt und seine Bedeutung für Klage und Urteil: DVBl. 59, S. 793—795.

— Der Verwaltungsakt im Lichte neuerer Überlegungen: DöV 61, S. 121—129.

— Verwaltung und Bürger: DVBl. 61, S. 833—839.

— Die Einbeziehung Dritter in öffentlich-rechtliche Unterordnungsverhältnisse: DVBl. 62, S. 547—552.

— Anmerkung zu dem Urteil des Bundesverwaltungsgerichts vom 27. 5. 64 — VIII C 316/63 —: DVBl. 65, S. 330—331 (zit.: *Haueisen*, Urteilsanmerkung).

Hegel, Hermann: Kann mit der Verpflichtungsklage auch die Verurteilung zur Vornahme einer sogen. Amtshandlung begehrt werden?: JZ 63, S. 15—17.

Henke, Wilhelm: Die verfassungsgebende Gewalt des Deutschen Volkes, Stuttgart 1957.

Henrichs, Wilhelm: Anmerkung zu dem Urteil des Bundesverwaltungsgerichts vom 6. 5. 64 — VIII C 394/63 —: NJW 64, S. 2366—2368 (zit.: *Henrichs*, Urteilsanmerkung).

— Anmerkung zu dem Urteil des Bundesverwaltungsgerichts vom 17. 9. 64 — II C 147/61 —: NJW 65, S. 458—461.

Heuser, Ernst und Joachim *Kobel:* Erstattungsgesetz, München und Berlin 1956.

Hoffmann, Heinrich: Die Beweislast im Verwaltungsprozeß: DVBl. 57, S. 603—607.

Hoppe, Werner: Der Fortbestand wirtschaftslenkender Maßnahmegesetze bei Änderung wirtschaftlicher Verhältnisse: DöV 65, S. 546—553.

Huber, Ernst-Rudolf: Wirtschaftsverwaltungsrecht, 2 Bände, 2., neu bearbeitete und erweiterte Auflage, Tübingen 1953.

Imboden, Max: Der verwaltungsrechtliche Vertrag, Basel 1958.

Ipsen, Hans-Peter: Die öffentliche Subventionierung Privater, Berlin-Köln 1956.

Jacobi, Erwin: Die Verwaltungsverordnungen: HdBDStR Bd. 2, Tübingen 1932, S. 255—263.

Jahrreiß, Hermann: Die Wesensverschiedenheit der Akte des Herrschens und das Problem der Gewaltteilung: Vom Bonner Grundgesetz zur gesamtdeutschen Verfassung, Festschrift zum 75. Geburtstag von Hans *Nawiasky*, München 1956, S. 119—139.

Jellinek, Georg: System der subjektiven öffentlichen Rechte, 2., durchgesehene u. vermehrte Auflage, Tübingen 1905 (zit.: *Jellinek*, System).

— Allgemeine Staatslehre, 3. Auflage, 1921, 7. Neudruck, Bad Homburg vor der Höhe 1960.

Jellinek, Walter: Verwaltungsrecht, 3. Auflage, unveränderter Nachdruck, Offenburg 1948.

— Buchbesprechung: DVBl. 52, S. 707.

Jesch, Dietrich: Gesetz und Verwaltung, Tübingen 1961.

Kahn, Paul: Das besondere Gewaltverhältnis im öffentlichen Recht, Diss. jur. Heidelberg 1912.

Kaufmann, Erich: Verwaltung, Verwaltungsrecht: WBDStVR, S. 688—718.

Kellner, Hugo: Zum gerichtlichen Rechtsschutz im besonderen Gewaltverhältnis: DöV 63, S. 418—429.

Kelsen, Hans: Allgemeine Staatslehre, Berlin 1925.

Klein, Friedrich: Steuerwesen und Rechtsordnung: Fin.Arch. Bd. 14 NF (1953/54), S. 1—20.

— Eigentumsgarantie und Besteuerung: Steuer und Wirtschaft 1966, S. 434—486.

Köhl, Guido: Die besonderen Gewaltverhältnisse im öffentlichen Recht, Berner Dissertation, Zürich 1955.

— Zur Frage der besonderen Gewaltverhältnisse: ZBR 57, S. 121—124.

König, Hans-Günther: Allgemeines Sicherheits- und Polizeirecht in Bayern, Köln-Berlin-Bonn-München 1962.

Köttgen, Arnold: Die gegenwärtige Lage der deutschen Verwaltung: DVBl. 57, S. 441—446.

Krabbe, Heinrich: Die Lehre der Rechtssouveränität, Groningen 1906.

von Kraus, Rupprecht: Der Grundsatz der Verhältnismäßigkeit, Hamburg 1955.

Krüger, Herbert: Allgemeine Staatslehre, Stuttgart 1964.

— Das besondere Gewaltverhältnis: VVDStL Heft 15 (1957), S. 109—129.

Laband, Paul: Das Staatsrecht des Deutschen Reiches, Bd. 1 u. 2, 5. Auflage, Tübingen 1911.

Langrod, G.: Probleme des allgemeinen Verwaltungsverfahrens: DVBl. 61, S. 305—313.

Lassar, Gerhard: Der Erstattungsanspruch im Verwaltungs- und Finanzrecht, Berlin 1921.

Laun, Rudolf: Allgemeine Staatslehre im Grundriß, 8., wesentlich erweiterte Auflage, Schloß Bleckede a. d. Elbe 1961.

Leibholz, Gerhard und Hans-Justus *Rinck:* Grundgesetz für die Bundesrepublik Deutschland, Kommentar an Hand der Rechtsprechung des Bundesverfassungsgerichts, Köln-Marienburg 1966 (zit.: *Leibholz-Rinck,* Grundgesetz).

Lerche, Peter: Die verwaltungsrechtliche Klage aus öffentlich-rechtlichen Verträgen: Staatsbürger und Staatsgewalt, Bd. 2, Karlsruhe 1963, S. 59—90.
— Übermaß und Verfassungsrecht, Köln-Berlin-München-Bonn 1961.

Leuschner, Albrecht: Das Recht der Schülerzeitungen, Berlin 1966.

Mallmann, Walter: Schranken nichthoheitlicher Verwaltung: VVDStL Heft 19 (1961), S. 165—207.

von Mangoldt, Hermann und Friedrich *Klein:* Das Bonner Grundgesetz, Bd. 1, 2., neu bearbeitete und vermehrte Auflage, Berlin und Frankfurt 1957.

Maunz, Theodor: Deutsches Staatsrecht, 15., neu bearbeitete Auflage, München und Berlin 1966.

Maunz, Theodor und Günter *Dürig:* Grundgesetz, Kommentar, Bd. 1, Loseblattausgabe, Lieferung 1—7, München und Berlin 1965.

Mayer, Franz: Das verfassungsrechtliche Gebot der gesetzlichen Ermächtigung: Festschrift für Hermann Nottarp, Karlsruhe 1961, S. 187—196.
— Besprechung von: Rupp, Grundfragen der heutigen Verwaltungsrechtslehre: DöV 66, S. 733—734 (zit.: F. *Mayer,* Buchbesprechung).

Mayer, Otto: Zur Lehre vom öffentlich-rechtlichen Vertrage: AöR Bd. 3 (1888), S. 3—86.
— Deutsches Verwaltungsrecht, Bd. 1, Leipzig 1895 (zit.: O. *Mayer,* Deutsches Verwaltungsrecht 1895).
— Deutsches Verwaltungsrecht, Bd. 1, 3. Auflage, München und Leipzig 1924 (zit.: O. *Mayer,* Deutsches Verwaltungsrecht).

Meier-Branecke, H.: Die Anwendbarkeit privatrechtlicher Normen im Verwaltungsrecht: AöR Bd. 50 (1926), S. 230—286.

Menger, Christian-Friedrich: System des verwaltungsgerichtlichen Rechtsschutzes, Tübingen 1954 (zit.: *Menger,* System).
— Rechtssatz, Verwaltung und Verwaltungsgerichtsbarkeit: DöV 55, S. 587—592.
— Die Bestimmung der öffentlichen Verwaltung nach den Zwecken, Mitteln und Formen des Verwaltungshandelns: DVBl. 60, S. 297—303.
— Höchstrichterliche Rechtsprechung zum Verwaltungsrecht: Verw.Arch. Bd. 50 (1959), S. 193—204; Verw.Arch. Bd. 52 (1961), S. 196—211; Verw.Arch. Bd. 55 (1964), S. 73—84.

Menger, Christian-Friedrich und Hans-Uwe *Erichsen:* Höchstrichterliche Rechtsprechung zum Verwaltungsrecht: Verw.Arch. Bd. 57 (1966), S. 377—392.

Merkl, Adolf: Die Lehre von der Rechtskraft entwickelt aus dem Rechtsbegriff, Leipzig und Wien 1923.
— Allgemeines Verwaltungsrecht, Wien und Berlin 1927.
— Prolegomena einer Theorie des rechtlichen Stufenbaues: Gesellschaft, Staat und Recht, Festschrift für Hans Kelsen, Wien 1931, S. 254—294.

Nawiasky, Hans: Forderungs- und Gewaltverhältnis: Festschrift für Ernst Zitelmann zu seinem 60. Geburtstage, München und Leipzig 1913, S. 1—36.
— Diskussionsbeitrag: VVDStL Bd. 3 (1927), S. 124—125.
— Allgemeine Staatslehre, Erster Teil, Grundlegung, Einsiedeln-Köln 1945 (zit.: *Nawiasky*, Allgemeine Staatslehre, 1. Teil).
— Allgemeine Rechtslehre als System der rechtlichen Grundbegriffe, 2., durchgearbeitete und erweiterte Auflage, Einsiedeln-Zürich-Köln 1958 (zit.: *Nawiasky*, Allgemeine Rechtslehre).
— Diskussionsbeitrag: VVDStL Heft 15 (1957), S. 213/214.

Nebinger, Robert: Verwaltungsrecht, Allgemeiner Teil, 2., erweiterte Auflage, Stuttgart 1949.

Obermayer, Klaus: Verwaltungsakt und innerdienstlicher Rechtsakt, Stuttgart-München-Hannover 1956.
— Grundzüge des Verwaltungsrechts und des Verwaltungsprozeßrechts, Stuttgart-München-Hannover 1961.

Peters, Hans: Artikel 132 und 133 Abs. 1, Dienste für den Staat: Hans-Carl Nipperdey, Die Grundrechte und Grundpflichten in der Reichsverfassung, 2. Bd., Berlin 1930, S. 290—302.
— Lehrbuch der Verwaltung, Berlin-Göttingen-Heidelberg 1949.
— Verwaltung ohne gesetzliche Ermächtigung: Verfassungsrecht und Verfassungswirklichkeit, Festschrift für Hans Huber zum 60. Geburtstage, Bern 1961, S. 206—221.
— Die Verwaltung als eigenständige Staatsgewalt, Krefeld 1965.

Pieper, Goswin: Zulässigkeit und Funktion des öffentlich-rechtlichen Vertrages im Verhältnis Staat und Bürger, insbesondere im Vergleich zur Funktion des Verwaltungsakts: DVBl. 67, S. 11—19.

Redeker, Konrad und Hans-Joachim *von Oertzen:* Verwaltungsgerichtsordnung, 2., völlig neu bearbeitete Auflage, Stuttgart 1965.

Renck, Ludwig: Verwaltungsakt und Gesetzesvorbehalt — BVerwGE 18, 283: JuS 65, S. 129—134 (zit.: *Renck*, Verwaltungsakt und Gesetzesvorbehalt).

Reuß, Hermann: Erstattungsgesetz, Kommentar, Berlin 1939 (zit.: *Reuß*, Erstattungsgesetz).

Roth, Karlernst: Die öffentlichen Abgaben und die Eigentumsgarantie im Bonner Grundgesetz, Heidelberg 1958.

Rupp, Hans Heinrich: Verwaltungsakt und Vertragsakt: DVBl. 59, S. 81—87.
— Zur neuen Verwaltungsgerichtsordnung: Gelöste und ungelöste Probleme: AöR Bd. 85 (1960), S. 149—199, 301—336.
— Der Schadensersatz- und Regreßanspruch des Dienstherrn im „besonderen Gewaltverhältnis" und seine Durchsetzung: DVBl. 63, S. 577—581 (zit.: *Rupp*, Der Schadensersatz- und Regreßanspruch).
— Anmerkung zu dem Urteil des Bundesverwaltungsgerichts vom 6. 5. 64 — VIII C 394/63 —: JZ 65, 180—181.
— Grundfragen der heutigen Verwaltungsrechtslehre, Tübingen 1965 (zit.: *Rupp*, Grundfragen).

Salzwedel, Jürgen: Die Grenzen der Zulässigkeit des öffentlich-rechtlichen Vertrages, Berlin 1958.

Schätzel, Walter: Der internationale Schutz der Menschenwürde: Festschrift für Friedrich Giese, Frankfurt/Main 1953, S. 215—230.

Scheerbarth, Hans Walter: Verwaltungszwang im Beamtenrecht: ZBR 63, S. 168—170.

Scheuner, Ulrich: Das Wesen des Staates und der Begriff des Politischen: Staatsverfassung und Kirchenordnung, Festgabe für Rudolf Smend zum 80. Geburtstag, Tübingen 1962, S. 225—260.

Schmidt-Rimpler, Walter: Wirtschaftsrecht: HdSW Bd. 12, S. 686—731.

Schmitt, Carl: Verfassungslehre, Berlin 1928, unveränderter Neudruck, Berlin 1954.
— Inhalt und Bedeutung des zweiten Hauptteils der Reichsverfassung: HdBDStR, Bd. 2, § 101, IV, S. 572—606.

Schneider, Franz: Das Abgabengewaltverhältnis, Grundzüge eines materiellen Teils, Tübingen 1918.

Schneider, Hans: Fünf Jahre Grundgesetz: NJW 54, S. 937—941.

Schnorr, Gerhard: Die Rechtsidee im Grundgesetz: AöR Bd. 85 (1960), S. 121—148.
— Handeln auf Befehl: JuS 63, S. 293—301.

Schüle, Adolf: Der streitentscheidende Verwaltungsakt: Staats- und Verwaltungswissenschaftliche Beiträge, Stuttgart 1957, S. 277—297.

Siebert, Wolfgang: Zur neueren Rechtsprechung über die Abgrenzung von Zivilrechtsweg und Verwaltungsrechtsweg: DöV 59, S. 733—737.

Spanner, Hans: Empfiehlt es sich, den allgemeinen Teil des Verwaltungsrechts zu kodifizieren?: Verhandlungen des 43. Deutschen Juristentages, Bd. 1, 2. Teil, Heft A, Tübingen 1960.
— Anmerkung zum Urteil des OVG Münster vom 19. 7. 62 — I A 672/61 —: DöV 63, S. 29—31 (zit.: *Spanner*, Urteilsanmerkung).

Stefen, Rudolf: Erstattungs- und Ausgleichsansprüche im öffentlichen Recht: BArbBl. 61, S. 146—151.

Stein, Friedrich: Grenzen und Beziehungen zwischen Justiz und Verwaltung, Tübingen 1912.

Stern, Klaus: Zur Grundlegung einer Lehre des öffentlich-rechtlichen Vertrages: Verw.Arch. Bd. 49 (1958), S. 106—157 (zit.: *Stern*, Zur Grundlegung).

Thieme, Werner: Die besonderen Gewaltverhältnisse: DöV 56, S. 521—529.

Thoma, Richard: Der Polizeibefehl im Badischen Recht, 1. Teil, Tübingen 1906.
— Der Vorbehalt des Gesetzes im preußischen Verfassungsrecht: Festgabe für Otto Mayer zum 70. Geburtstag, Tübingen 1916, S. 167—221.
— Die juristische Bedeutung der grundrechtlichen Sätze der deutschen Reichsverfassung im allgemeinen: Hans-Carl Nipperdey, Die Grundrechte und Grundpflichten der Reichsverfassung, Bd. 1, Berlin 1929, S. 1—53.
— Der Vorbehalt der Legislative und das Prinzip der Gesetzmäßigkeit von Verwaltung und Rechtsprechung: HdBDStR, Bd. 2, § 76, S. 221—236.

Uber, Giesbert: Staatsrechtslehrertagung 1960: AöR Bd. 86 (1961), S. 101—121.

Ule, Carl-Hermann: Über das Verhältnis von Verwaltungsstaat und Rechtsstaat: Staats- und Verwaltungswissenschaftliche Beiträge, Stuttgart 1957, S. 127—165.

— Das besondere Gewaltverhältnis: VVDStL Heft 15 (1957), S. 133—182.

Vogel, Klaus: Gesetzgeber und Verwaltung: VVDStL Heft 24 (1966), S. 125—179.

Volkmar, Dieter: Allgemeiner Rechtssatz und Einzelakt, Berlin 1962.

Wacke, Gerhard: Vollstreckbare „Leistungsbescheide" wegen „Eigenschäden" gegen Beamte?: DöV 66, S. 311—317.

Weber, Werner: Das Richtertum in der deutschen Verfassungsordnung: Festschrift für Niedermeyer zum 70. Geburtstag, Göttingen 1953, S. 261—277.

Weides, Peter: Verwaltungsakt und Widerspruchsbescheid in der öffentlichrechtlichen Arbeit: JuS 64, S. 62 ff. u. S. 112 ff.

Weingart, Olaf: Können Beamte durch Verwaltungsakt (Leistungsbescheid) zum Ersatz von Eigenschäden des Dienstherrn herangezogen werden?: DöV 67, S. 289—295 (zit.: *Weingart*, Leistungsbescheide gegen Beamte wegen Eigenschäden).

Werner, Fritz: Empfiehlt es sich, den allgemeinen Teil des Verwaltungsrechts zu kodifizieren: Verhandlungen des 43. Deutschen Juristentages, Bd. 1, 2. Teil, Heft B, Tübingen 1960.

Weyreuther, Felix: Die Gesetzesbindung der Verwaltung und ihre Grenzen: DVBl. 64, S. 893—901.

von Wick, Georg: Kompetenzwahrnehmung im Bereich der Bundesregierung, Diss. jur. Münster 1957.

Wolff, Hans J.: Organschaft und Juristische Person, 1. Bd.: Juristische Person und Staatsperson, Berlin 1933 (zit.: *Wolff*, Organschaft und Juristische Person, 1. Bd.); 2. Bd.: Theorie der Vertretung, Berlin 1934 (zit.: *Wolff*, Organschaft und Juristische Person, 2. Bd.).

— Über die Gerechtigkeit als principium juris: Festschrift für Wilhelm Sauer, Berlin 1949, S. 103—120.

— Der Unterschied zwischen öffentlichem und privatem Recht: AöR Bd. 76 (1950/51), S. 205—217.

— Rechtsgrundsätze und verfassungsgestaltende Grundentscheidungen als Rechtsquellen: Forschungen und Berichte aus dem öffentlichen Recht, Gedächtnisschrift für W. Jellinek, München 1955, S. 33—52.

— Verwaltungsrecht I, 6., neu bearbeitete Auflage, München und Berlin 1965 (zit.: *Wolff* I).

— Verwaltungsrecht II (Organisations- und Dienstrecht), München und Berlin 1962 (zit.: *Wolff* II).

— Verwaltungsrecht III (Ordnungs- und Leistungsrecht, Verfahrens- und Prozeßrecht), München und Berlin 1966 (zit.: *Wolff* III).

Wussow, Werner: Die Zwangsbeitreibung von Rückforderungsansprüchen: Die Sozialversicherung 1956, S. 196—198.

Zeidler, Karl: Schranken nichthoheitlicher Verwaltung: VVDStL Heft 19 (1961), S. 208—241.

Printed by Libri Plureos GmbH
in Hamburg, Germany